DAGELIJKS PESTO COOKIES BOEK

100 HEERLIJKE PESTO RECEPTEN VOOR ELKE TAFEL

Maartje Post

Alle rechten voorbehouden.

Vrijwaring

De informatie in dit e-book is bedoeld als een uitgebreide verzameling strategieën die de auteur van dit e-book heeft onderzocht. De samenvattingen, strategieën, tips en trucs worden alleen aanbevolen door de auteur, en het lezen van dit e-book kan niet garanderen dat iemands resultaten exact overeenkomen met de resultaten van de auteur. De auteur van het e-book heeft alle redelijke inspanningen geleverd om de lezers van het e-book actuele en nauwkeurige informatie te verstrekken. De auteur en zijn medewerkers kunnen niet aansprakelijk worden gesteld voor eventuele onopzettelijke fouten of weglatingen die worden gevonden. Het materiaal in het e-book kan informatie van derden bevatten. Materialen van derden bevatten meningen van hun eigenaars. Als zodanig,

Het e-book is copyright © 2022 met alle rechten voorbehouden. Het is illegaal om dit eBook geheel of gedeeltelijk te herdistribueren, kopiëren of er afgeleide werken van te maken. Niets uit dit rapport mag worden vermenigvuldigd of doorgestuurd in welke vorm dan ook zonder de uitdrukkelijke en ondertekende schriftelijke toestemming van de auteur.

inhoud

INHOUD **2**
INVOERING **6**
BASIS RECEPTEN **8**
    1. Evenwichtige pesto 9
    2. Pestosaus ten zuiden van de grens 11
    3. Rucola en basilicumpesto 13
    4. Simpele pesto 15
    5. Kaasachtige artisjokpesto 17
    6. Amerikaanse pesto 19
    7. Pasta pesto 21
    8. Aziatische Pinda Pesto 2. 3
    9. Pittige pesto 25
    10. Champignonpesto 26
    11. Romige Slapesto 28
    12. Pesto met noten 30
    13. Pesto als ontbijt 31
    14. Gestoomde Broccoli Pesto 32
    15. Frisse zomerpesto 35
    16. Braziliaanse pesto 36
    17. Klassieke pesto 39
    18. Zwitserse pesto 40
    19. Franse pesto 42
    20. Pesto uit Vietnam 43
    21. Cashew pesto 45
    22. Geurige pesto 47
    23. Pestosaus gedroogd in de zon 49
    24. Dijon Pesto-melange 51
    25. Tofu-pesto 52
ONTBIJT pesto **53**

26. Pesto omelet met kaas 54
27. Cheesy Pro-quiche 56
Pesto voorgerechten 58
28. Romige pesto-olijven 59
29. Tomaten gevuld met pesto 61
30. Pesto-tomatenhapjes 63
PESTO PIZZA 64
31. Pizza met basilicum en olijven 65
32. Artisjok pesto pizza 67
33. Gegrilde pizza uit New York 69
34. Caprese pizza met plat brood 72
PESTO PASTA 75
35. Pasta pesto garnalen met kaas en champignons 76
36. Bakken met pasta en pesto kip met kaas 78
37. Pesto spiralen 80
38. Kaas Pesto Garnalen Met Pasta 82
39. Pasta pesto met walnoten 84
40. Lasagne pesto 87
41. Pasta Met Pesto Groenten 90
42. Spaghettipesto 92
43. Lasagne Alfredo 94
44. Gnocchi met knoflook en basilicum 96
45. Gnocchi-pesto 99
46. Parmezaanse pesto 101
PESTO STUKS 104
47. Basilicum Kip 105
48. Spinaziepesto met kaas 107
49. Provolone Pesto 109
50. Pesto gehaktballetjes gevuld met kaas 111
51. Pasta met kip pesto en spinazie 114
52. Gekookte aubergine 116
53. Gemengde Medley Pesto 118

54. Courgette met pesto en kaas 120
55. Macaroni in romige rundersaus 121
56. Pesto steak 122
57. Pesto Roze Pilaf 124
58. Pesto vis 126
59. Pesto risotto met parmezaan 128
60. Tennessee Tilapia 130
61. Mosselen Puttanesca Basilicum 132
62. Pennsylvania Kip Kotelet 134
63. Citroenpesto vis 137
64. Californische Chimichurri Rib-Eye 139
65. Pecannoten, Parmezaanse kaas en couscous pesto 141
66. Cambodjaanse kippesto 143
67. Slaappesto 144

PANINI, SANDWICHES & WRAPS 146

68. Broodje open met kaaspesto 147
69. Gyros Caprese 149
70. Florida Kip Panini 152
71. Mozzarella Provolone Panini 154
72. Basil Rundvlees Panini 156
73. Volkoren panini 158
74. Zomers broodje 160
75. Deeg, provolone, pesto 161
76. Pita, Pesto en Parmezaanse kaas 163
77. Wraps met tuinkalkoenpesto 165
78. Wraps met tilapia pesto groene salade 166
79. Tuin Tonijn Quesadilla's 169
80. Focaccia met Alaska-topping 171
81. Muffulettas Franse wijk 174
82. Broodje kip pesto 176
83. Seattle Chicken Sandwich 180
84. Mediterrane Panini 182
85. Portland Asiago Panini 184

86. Pesto gegrilde kaaspers 186
87. Panini-tuin 187

SALADES EN PESTO DRESSING **190**

88. Pesto Mozzarella Salade 191
89. Pesto bloemensalade 194
90. Aioli-pestosaus 196
91. Pastasalade 199
92. Tortellini Salade Potten 201
93. Salade Caprese Pesto 203
94. Caprese rucola salade 205
95. Boekweit Paassalade 207
96. Pecannoten, Parmezaanse kaas en couscous pesto 209

PESTO DESSERTS **211**

97. Open taart met spinazie en pesto 212
98. Pottaart in Libanese stijl 214
99. Westkustcakes 216
100. Citroenpesto Paletas 219

CONCLUSIE **220**

INVOERING

Wat is pesto?

Pesto is een eenvoudige saus die allerlei gerechten kan transformeren met zijn heldere kruidenaroma's. Het woord pesto komt van het Italiaanse woord "pestare", wat pletten of pletten betekent. We hebben allemaal de traditionele basilicumpesto gehad, maar een basispestorecept kan worden getransformeerd met alle verschillende soorten kruiden, noten en olijfolie. Lees verder en we laten je zien hoe je pesto zowel traditioneel maakt, zoals dit klassieke basilicumpestorecept, als pesto met een twist.

Hoe pesto gebruiken?

A. Meng met pasta, vooral pasta met textuur, dit zal de pasta helpen de gladde saus op te vangen. B. Voeg de verse groenten toe.

C. Voeg toe aan eieren voor het mengen.

D. Gebruik als smaakmaker op sandwiches en wraps, meng een beetje in mayo of op zichzelf.

E. Dip knapperige stokbroden in pesto, mijn favoriete manier om van deze saus te genieten.

F. Maak een bad door er zure room, yoghurt of kwark door te mengen.

G. Gebruik het als topping voor zelfgemaakte pizza's.

H. Voeg toe aan karnemelk om een saladedressing te maken.

I. Verdeel over de bruschetta.

J. Garneer de soep.

BASIS RECEPTEN

1. Evenwichtige pesto

opbrengst: 1 PINT

Ingrediënten

- 1 deel walnoten
- 8 delen kruiden en groenten
- 2 delen kaas
- 2 delen olie
- 1-3 teentjes knoflook, gepeld
- Zout naar smaak

Routebeschrijving

a) Kies je ingrediënten en doe ze in een keukenmachine.

b) Pulseer tot een dikke pasta ontstaat, voeg indien nodig meer olie toe om de gewenste consistentie te bereiken.

2. Pestosaus ten zuiden van de grens

Porties per recept: 6

ingrediënten

- 1/4 kop gepelde pompoenpitten (pepitas
- 1 bosje koriander
- 1/4 kop geraspte cotija-kaas
- 4 teentjes knoflook
- 1 serranopeper, pitloos
- 1/2 theelepel zout
- 6 eetlepels olijfolie

Routebeschrijving

a) Voeg de pompoenpitten toe aan de kom van een keukenmachine en hak alles fijn met een paar peulvruchten, meng er dan de olijfolie, koriander, zout, kaas, chili en knoflook door.

b) Roer het mengsel erdoor en serveer de pesto.

c) Genieten van.

3. Rucola en basilicumpesto

Porties per recept: 12

ingrediënten

- 1 1/2 kopjes baby-rucolablaadjes
- 1 1/2 kopjes verse basilicumblaadjes
- 2/3 kopje pijnboompitten
- 8 teentjes knoflook
- 1 blik (6 oz.) zwarte olijven, uitgelekt
- 3/4 kop extra vergine olijfolie 1/2 citroen, sap
- 1 theelepel rode wijnazijn
- 1/8 theelepel gemalen komijn
- 1 snufje gemalen cayennepeper, zout en peper naar smaak

Routebeschrijving

a) Voeg in een grote, snelle keukenmachine de rucola, basilicum, olijven, knoflook en pijnboompitten toe en pulseer tot alles goed gemengd is.

b) Voeg de overige ingrediënten toe en pulseer tot alles goed gemengd en glad is.

4. Simpele pesto

Porties per recept: 6

ingrediënten

- 1/4 kopje amandelen
- 3 teentjes knoflook
- 1 1/2 kopjes verse basilicumblaadjes 1/2 kopje olijfolie
- 1 snufje gemalen nootmuskaat
- zout en peper naar smaak

Routebeschrijving

a) Zet de oven op 450 graden F voordat u iets anders doet.

b) Leg de amandelen op een bakplaat en bak ze ongeveer 10 minuten of tot ze licht geroosterd zijn.

c) Voeg in een keukenmachine de geroosterde amandelen en de overige ingrediënten toe tot er een grove pasta ontstaat.

5. Kaasachtige artisjokpesto

Porties per recept: 12

ingrediënten

- 2 kopjes verse basilicumblaadjes
- 2 eetlepels geraspte fetakaas
- 1/4 kop vers geraspte Parmezaanse kaas 1/4 kop pijnboompitten, geroosterd
- 1 artisjokhart, grof gehakt
- 2 eetlepels zongedroogde tomaten, in olie gesneden
- 1/2 kopje extra vierge olijfolie
- 1 snufje zout en zwarte peper naar smaak

Routebeschrijving

a) Voeg in een grote keukenmachine alle ingrediënten behalve olie en kruiden toe en pulseer tot ze gecombineerd zijn.

b) Voeg, terwijl de motor langzaam draait, olie toe en pulseer tot een gladde massa.

c) Breng op smaak met zout en zwarte peper en serveer.

6. Amerikaanse pesto

Porties per recept: 6

ingrediënten

- 4 kopjes vers verpakte basilicumblaadjes
- 1/4 kop Italiaanse peterselie
- 2 teentjes knoflook, gepeld en licht geperst
- 1 kopje pijnboompitten

- 1 1/2 kopjes geraspte Parmigiano-Reggiano-kaas
- 1 theelepel vers citroensap
- 1/2 kopje extra vierge olijfolie, of meer indien nodig
- zout en gemalen zwarte peper naar smaak

Routebeschrijving

a) Voeg in een keukenmachine de peterselie, basilicum en knoflook toe en pulseer tot ze fijngehakt zijn.

b) Voeg de pijnboompitten toe en pulseer tot ze heel glad zijn.

c) Voeg de kaas toe en pulseer tot een gladde massa.

d) Roer, terwijl de motor draait, langzaam het citroensap erdoor.

e) Voeg vervolgens de olie toe en pulseer tot alles goed gemengd en glad is.

f) Breng op smaak met zout en zwarte peper en serveer.

7. Pasta pesto

Porties per recept: 16

ingrediënten

- 4 kopjes verse babyspinazie
- 1/2 kop pecannoten
- 2 teentjes knoflook
- 1 kopje Parmezaanse kaas
- 1 theelepel citroensap
- 1/2 kopje extra vierge olijfolie
- 1 snufje zout en versgemalen zwarte peper naar smaak

Routebeschrijving

a) Voeg in een grote keukenmachine alle ingrediënten behalve olie en pulp toe tot ze gecombineerd zijn.

b) Voeg, terwijl de motor langzaam draait, de olie toe en pulseer tot alles goed gemengd en glad is.

8. Aziatische pindapesto

Porties per recept: 10

ingrediënten

- 1 bosje koriander
- 1/4 kop pindakaas
- 3 teentjes knoflook, in blokjes gesneden
- 3 eetlepels extra vierge olijfolie
- 2 eetlepels verse in blokjes gesneden gember
- 1 1/2 eetlepels vissaus
- 1 theelepel bruine suiker
- 1/2 theelepel cayennepeper

Routebeschrijving

a) Voeg alle ingrediënten toe in een blender of keukenmachine en druk tot een gladde massa.

9. Pittige pesto

Porties per recept: 14

ingrediënten

- 1/4 kop walnoten
- 2/3 kopje olijfolie
- 2 teentjes knoflook
- zout en gemalen zwarte peper naar smaak

- 2 kopjes verse basilicumblaadjes verpakt
- 3/4 kop geraspte Parmigiano-Reggiano-kaas
- 1 jalapenopeper, steel verwijderd

Routebeschrijving

a) Voeg in een keukenmachine de knoflook en walnoten toe en pulseer tot ze fijngehakt zijn.

b) Voeg de jalapeno, basilicum en kaas toe en pulseer tot alles goed gemengd is.

c) Voeg, terwijl de motor langzaam draait, de olie toe en pulseer tot alles goed gemengd en glad is.

d) Breng op smaak met zout en zwarte peper en serveer.

10. Champignonpesto

Porties per recept: 6

ingrediënten

- 2 eetlepels boter
- 1 lb. mix van verse paddenstoelen (zoals cremini, button, oester en portobello), in vieren
- 1 sjalot, gesnipperd
- 1 kop geroosterde pijnboompitten
- 1/4 kopje extra vierge olijfolie
- 1/4 kop groentebouillon
- 3 teentjes knoflook, gesnipperd
- 1 eetlepel vers geperst citroensap
- 1 theelepel koosjer zout
- 1/2 theelepel versgemalen zwarte peper
- 1/2 kop Parmezaanse kaas, geraspt

Routebeschrijving

a) Smelt de boter in een pan op middelhoog vuur.

b) Roer de sjalotten en champignons erdoor en kook ongeveer 5-7 minuten of tot de champignons goudbruin zijn.

c) Haal het van het vuur en laat het ongeveer 10 minuten opzij staan om af te koelen.

d) Voeg in een blender het gekookte paddenstoelenmengsel en de overige ingrediënten, behalve de kaas en het vruchtvlees, toe tot het fijngemalen is.

e) Doe het mengsel in een kom en roer de kaas erdoor voor het opdienen.

11. Romige Slapesto

Porties per recept: 8

ingrediënten

- 1/2 teentje knoflook
- 2 eetlepels mayonaise
- 1/3 kopje walnoten
- 3 oz. gespoelde en gedroogde waterkers

- 1 kopje vers geraspte Parmezaanse kaas

Routebeschrijving

a) Voeg in een keukenmachine alle ingrediënten toe en druk tot een gladde pasta is gevormd.

12. Pesto met noten

Porties per recept: 2

ingrediënten

- 2 kopjes basilicumblaadjes
- 1/2 kop walnoten
- 1/4 kopje olijfolie
- 2 teentjes knoflook
- 1 eetlepel citroensap

Routebeschrijving

a) Voeg in een keukenmachine alle ingrediënten toe en druk tot een gladde pasta is gevormd.

13. Pesto als ontbijt

Porties per recept: 4

ingrediënten

- 3/4 kop bakmix
- 1/3 kopje water of indien nodig
- 1 pakje (8 oz.) Cheddar-kaas, versnipperd
- 5 theelepels bereide pesto

Routebeschrijving

a) Vet de grill in en verwarm hem vervolgens volledig.

b) Voeg in een grote kom alle ingrediënten toe en mix tot alles goed gemengd is.

c) Plaats ongeveer 1/4 kop van het mengsel op de verwarmde grill en kook ongeveer 2-3 minuten aan elke kant of tot ze goudbruin zijn.

d) Herhaal met het resterende mengsel.

14. Gestoomde broccolipesto

Porties per recept: 8

ingrediënten

- 2 kopjes gehakte broccoliroosjes
- 2 kopjes vers gehakte basilicum
- 1/4 kopje extra vierge olijfolie
- 1/4 kop geraspte Parmezaanse kaas
- 1/4 kop pijnboompitten
- 6 teentjes knoflook, gepeld
- 2 eetlepels groentebouillon, of meer indien nodig
- 1 snufje cayennepeper
- zout en gemalen zwarte peper naar smaak

Routebeschrijving

a) Plaats een stoommandje boven een pan met water en breng aan de kook op middelhoog vuur.

b) Doe de broccoli in een stoompan en kook, afgedekt, ongeveer 3-5 minuten of tot ze gaar zijn.

c) Giet de broccoli goed af en doe alles samen met de overige ingrediënten in een keukenmachine en mix tot een gladde massa.

15. Frisse zomerpesto

Porties per recept: 16

ingrediënten

- 2 kopjes paardebloemgroenten
- 1/2 kopje olijfolie
- 1/2 kop geraspte Parmezaanse kaas 2 theelepels geperste knoflook
- zout naar smaak (optioneel)
- 1 snufje rode pepervlokken, of naar smaak (optioneel)

Routebeschrijving

a) Voeg in een keukenmachine alle ingrediënten toe en druk tot een gladde massa.

16. Braziliaanse pesto

Porties per recept: 12

ingrediënten

- 3 kopjes vers gehakte basilicum
- 1 kopje extra vierge olijfolie
- 1/2 kop pijnboompitten
- 1/8 kopje paranoten
- 2/3 kop geraspte Parmezaanse kaas
- 2 eetlepels gesnipperde knoflook
- 1/2 theelepel chilipoeder

Routebeschrijving

a) Voeg in een keukenmachine alle ingrediënten behalve olie toe en pulseer tot een dikke pasta ontstaat.

b) Voeg, terwijl de motor langzaam draait, olie toe en pulseer tot een gladde massa.

17. Klassieke pesto

Porties per recept: 16

ingrediënten

- 1/3 kopje pijnboompitten
- 2/3 kopje olijfolie
- 5 teentjes knoflook
- 1/3 kopje voedingsgist
- 1 bosje verse basilicumblaadjes

- zout en peper naar smaak

Routebeschrijving

a) Voeg in een verwarmde pan met antiaanbaklaag de pijnboompitten toe op middelhoog vuur en kook, onder voortdurend roeren, tot ze geroosterd zijn.

b) Voeg in een keukenmachine de geroosterde pijnboompitten en de overige ingrediënten toe en mix tot een gladde massa.

18. Zwitserse pesto

Porties per recept: 10

ingrediënten

- 1/2 kopje olijfolie, verdeeld
- 10 smogblaadjes, fijngesneden
- 4 teentjes knoflook, gesnipperd
- 1 kopje basilicumblaadjes
- 1 kop pecannoten
- 1/2 theelepel zeezout
- 1 eetlepel citroensap
- 1 (3 oz.) pakket geraspte Parmezaanse kaas
- zout en gemalen zwarte peper naar smaak

Routebeschrijving

a) Verhit in een pan 2 eetlepels olie op middelhoog vuur en kook de knoflook en lente-uitjes ongeveer 3-5 minuten, haal van het vuur en zet opzij om af te koelen.

b) Voeg in een keukenmachine de resterende olie, basilicum, kaas, pecannoten en zeezout toe en verwerk tot alles goed gemengd is.

c) Voeg het citroensap en het gekookte smogmengsel toe en pulseer tot een gladde massa.

d) Breng op smaak met zout en zwarte peper en serveer.

19. Franse pesto

Porties per recept: 12

ingrediënten

- 1 pakje geitenkaas, verzacht
- 1 pot pesto (8 oz) of indien nodig
- 3 tomaten, in stukjes
- 1 Frans brood (8 oz.), gesneden

Routebeschrijving

a) Snijd de kaas op een grote serveerschaal in een laag van 1/4 inch.

b) Verdeel de pesto in een dunne laag gelijkmatig over de kaas, gevolgd door de tomaten.

c) Geniet van deze dip met gesneden Frans brood.

20. Pesto uit Vietnam

Porties per recept: 4

ingrediënten

- 1 lb. droge rijstnoedels
- 1 1/2 kopjes vers gehakte koriander
- 1/2 kopje Thaise zoete basilicum
- 2 teentjes knoflook, gehalveerd
- 1/2 theelepel in blokjes gesneden citroengrasbol
- 1 jalapenopeper, zonder zaadjes en in blokjes gesneden
- 1 theelepel vegetarische vissaus
- 4 eetlepels gehakte droge geroosterde pinda's, ongezouten
- 7 eetlepels koolzaadolie
- 1/2 limoen, in schijfjes
- zout en peper naar smaak

Routebeschrijving

a) Week de noedels in een grote kom met koud water ongeveer 30 minuten, giet ze af en zet ze apart.

b) Voeg in een keukenmachine de basilicum, koriander, knoflook, jalapeno, citroengras, vissaus en 2 eetlepels pinda's toe en pulseer tot ze grof gehakt zijn.

c) Voeg, terwijl de motor langzaam draait, olie toe en pulseer tot een gladde massa.

d) Voeg de overige hazelnoten toe en pulseer tot de hazelnoten grof gehakt zijn.

e) Voeg in een grote koekenpan 1/2 kopje water en noedels toe op middelhoog vuur en kook ongeveer 5 minuten of totdat het meeste vocht is verdampt.

f) Voeg pesto toe en hussel alles goed door elkaar en serveer meteen.

21. Cashew-pesto

Porties per recept: 16

ingrediënten

- 2 kopjes verse korianderblaadjes
- 1 theelepel zwarte peper
- 1 kop verse peterseliebladeren
- 1 theelepel cayennepeper
- 3 eetlepels citroensap
- 1/2 kop geraspte Asiago-kaas
- 1 kopje cashew chili-limoen
- 1/2 kopje olijfolie
- 1 theelepel zout

Routebeschrijving

a) Voeg in een keukenmachine alle ingrediënten toe en druk tot een gladde massa.

22. Geurige pesto

Porties per recept: 12

ingrediënten

- 1 lb. knoflook, in stukjes van 2 inch gesneden
- 1 1/4 kopjes geraspte Parmezaanse kaas
- 1 kopje olijfolie
- 1 theelepel citroensap
- gemalen zwarte peper naar smaak

Routebeschrijving

a) Voeg in een keukenmachine alle ingrediënten toe en druk tot een gladde massa.

23. Zongedroogde pestosaus

Porties per recept: 8

ingrediënten

- 1 kop verpakte zongedroogde tomaten
- 1/4 kopje citroensap
- 1 kopje amandelen
- zout
- 1 hete peper, fijngesneden

- 1 kop gehakte tomaten

Routebeschrijving

a) Voordat je iets doet, verwarm je de oven voor op 350F.

b) Neem een mengkom: doe de zongedroogde tomaat erin. Bedek het met kokend water en laat het 16 minuten staan om zacht te worden.

c) Verdeel de amandelen in een gelijkmatige laag over een bakplaat. Zet het in de oven en laat het 9 minuten koken.

d) Zet het vuur uit en laat de amandelen iets afkoelen.

e) Hak de amandelen grof en zet apart.

f) Giet de zongedroogde tomaten af.

g) Neem een blender: combineer de zongedroogde tomaten met amandelen en de overige ingrediënten erin. Mix ze glad.

h) Giet de dressing in een pot en sluit deze. Koel tot klaar om te serveren.

i) Je kunt ze dressing serveren met een broodje, gegrild vlees of een salade.

24. Dijon Pesto-melange

Porties per recept: 4

ingrediënten

- 2 lepels. bereide pestosaus
- 2 lepels. zachte Dijon-mosterd
- 2 lepels. mayonaise

Routebeschrijving

a) Voeg in een kom alle ingrediënten toe en klop tot alles goed gehomogeniseerd is.

b) Geniet van de dressing over je favoriete salade.

25. Tofu-pesto

Porties per recept: 8

ingrediënten

- 1/2 kop geroosterde hele amandelen
- 1 1/2 kopjes losjes verpakte korianderblaadjes
- 1 grote teen knoflook, fijngehakt
- 1/2 kop geraspte stevige tofu
- 3 eetlepels citroensap
- 2 eetlepels olijfolie
- 1/2 theelepel zout
- 1 kleine groene chili, fijngehakt, zonder pit

Routebeschrijving

a) Neem een blender: doe de amandelen erin. Pulseer ze een paar keer tot ze gehakt zijn.

b) Meng de overige ingrediënten. Mix ze glad.

c) Doe de pesto in een luchtdichte pot. Serveer onmiddellijk of zet 2-3 dagen in de koelkast.

ONTBIJT pesto

26. Pesto omelet met kaas

Porties per recept: 1

ingrediënten

- 1 theelepel olijfolie
- 1 Portobello-champignonhoed, in plakjes
- 1/4 kop gehakte rode ui
- 4 eiwitten
- 1 theelepel water
- zout en gemalen zwarte peper naar smaak
- 1/4 kop geraspte magere mozzarella-kaas
- 1 theelepel bereide pesto

Routebeschrijving

a) Verhit de olie in een pan op middelhoog vuur en bak de ui en champignons ongeveer 3-5 minuten.

b) Voeg in een kleine kom water, eiwitten, zout en zwarte peper toe en klop goed.

c) Voeg het eiwitmengsel toe aan de pan en kook, onder vaak roeren, ongeveer 5 minuten of tot het eiwit begint te stollen.

d) Leg de kaas op de omelet, gevolgd door de pesto en vouw de omelet voorzichtig om en kook ongeveer 2-3 minuten of tot de kaas smelt.

27. Cheesy Pro-quiche

Porties per recept: 8

ingrediënten

- 4 eetlepels pesto
- 1 (9-inch) ongebakken taartbodem
- 4 eetlepels geraspte geitenkaas
- 3 eieren
- 1/2 kopje half en half room
- 1 theelepel bloem voor alle doeleinden
- 8 zongedroogde tomaten gevuld met olie, uitgelekt en in reepjes gesneden
- zout en versgemalen zwarte peper naar smaak

Routebeschrijving

a) Zet de oven op 400 graden F voordat je iets anders doet.

b) Verdeel de pesto gelijkmatig over de bodem van een taartvorm en bestrooi met geitenkaas.

c) Voeg in een grote kom de helft en de helft, eieren, bloem, zout en zwarte peper toe en klop tot alles goed gemengd is.

d) Verdeel het eiermengsel gelijkmatig over de geitenkaas, gevolgd door de zongedroogde tomaten.

e) Bak alles ongeveer 30 minuten in de oven.

Pesto voorgerechten

28. Romige pesto-olijven

Porties per recept: 1

ingrediënten

- 1 blik (6 oz.) witte tonijn in water, uitgelekt en in vlokken
- 2 eetlepels mayonaise
- 1 eetlepel basilicum pestosaus
- 1 theelepel citroensap

- 1 snufje gemalen zwarte peper
- 1 (10-inch) bloemtortilla
- 4 slablaadjes
- 1 plak provolone kaas
- 5 ontpitte Kalamata-olijven, gehalveerd

Routebeschrijving

a) Voeg in een kom de tonijn, pesto, mayonaise, zwarte peper en citroensap toe en meng voorzichtig.

b) Plaats de tortillawrap en magnetron op een magnetronbestendige plaat gedurende ongeveer 5-10 seconden of tot ze net warm zijn.

c) Leg het tonijnmengsel op de tortilla, gevolgd door de olijven, kaas en sla.

d) Vouw de tortilla van onder naar boven ongeveer 5 cm om de vulling af te sluiten en rol op tot een wrap en serveer.

29. Tomaten gevuld met pesto

Porties per recept: 4

ingrediënten

- 10 kleine rijpe tomaten
- 1/2 kop zelfgemaakte of in de winkel gekochte pesto
- 1 kop geraspte Parmezaanse kaas

Routebeschrijving

a) Zet de oven op 350 graden F voordat je iets anders doet en vet een bakplaat in met olie.

b) Snijd de tomaten in de lengte doormidden en verwijder ongeveer 1 eetlepel vruchtvlees uit het midden.

c) Vul de tomatenhelften met de pesto en bedek ze gelijkmatig met de kaas.

d) Leg de tomaten in een enkele laag in de voorbereide ovenschaal, met de vulling naar boven.

e) Bak alles in de oven tot de bovenkant goudbruin en bubbelend is.

30. Pesto-tomatenhapjes

Porties: 20

ingrediënten

- ¾ kopje in blokjes gesneden, pitloze tomaten
- 2 eetlepels basilicumpesto in de koelkast
- ¼ kopje fijngehakte mozzarella-kaas
- 1 doos (10,2 oz.) Pillsbury Karnemelkcrackers, gekoeld
- 2 eetlepels fijngehakte Parmezaanse kaas

Routebeschrijving

a) Verwarm de oven voor op 375 ° F. Spray 20 mini muffinvormpjes in met bakspray. Meng in een middelgrote kom de tomaten, pesto en mozzarella door elkaar.

b) Scheid het deeg in 5 koekjes; snijd elk in vieren. Rol elk stuk koekjes in een gladde bal; druk er een in de bodem en bovenkant van elke mini-muffinbeker. Doe ongeveer 1 eetlepel van de tomaten-pesto vulling in elk kopje; druk zachtjes. Bestrooi met parmezaan.

c) Bak 10 tot 12 minuten of tot de randen van de koekjes goudbruin zijn. Onmiddellijk uit de pan halen.

PESTO PIZZA

31.Pizza met basilicum en olijven

Porties per recept: 6

ingrediënten

- 1 (12-inch) voorgebakken pizzabodem 1/2 kop pesto
- 1 rijpe tomaat, in stukjes
- 1/2 kop groene paprika, gehakt
- 1 blik gehakte zwarte olijven, uitgelekt 1/2 kleine rode ui, gesnipperd
- 1 blik (4 oz.) artisjokharten, uitgelekt en in plakjes
- 1 kopje geraspte fetakaas

Routebeschrijving

a) Zet de oven op 450 graden voordat je iets anders doet.

b) Bedek je pizzabodem met de pestosaus en leg de volgende lagen op de bodem: feta, tomaten, artisjokken, paprika, rode ui en olijven.

c) Bak de pizza 12 minuten in de oven.

32. Artisjok pesto pizza

Porties per recept: 4

ingrediënten

- 1 bereide pizzabodem
- 1/4 kop pestosaus
- 6 oz. gegrilde kipfilet, in plakjes
- 1 (6 oz.) pot gemarineerde artisjokharten, in vieren, uitgelekt
- 1/3 kopje zongedroogde tomaten verpakt in olie, uitgelekt en gehakt
- 2 oz. knoflook en geitenkaas
- 1 1/2 kopjes geraspte pizzakaas, gemengd met geroosterde olijfolie met knoflooksmaak, om de korst te borstelen

Routebeschrijving

a) Zet de oven op 400 graden F voordat je iets anders doet

b) Bestrijk de korst gelijkmatig met knoflookolie en bestrooi met pesto, gevolgd door kip, artisjokken, tomaten, geitenkaas en kaas.

c) Bak ongeveer 10 minuten in de oven.

d) Haal uit de oven en eet warm.

33. New York gegrilde pizza

Porties per recept: 6

ingrediënten

Het koste

- 1 bereid pizzadeeg Toppings 1
- 1 theelepel olijfolie
- 1/2 kop pizzasaus
- 1 kleine rode paprika, gebakken tot ze zacht zijn
- 1 kleine gele paprika, gebakken tot ze zacht zijn
- 1/2 ui, gesneden en gebakken
- 3 runderworsten, gesneden en gekookt
- 1 kopje mozzarella kaas, versnipperd
- 1 theelepel droge Italiaanse kruiden met kruiden
- 1/2 theelepel knoflookpoeder olijfolie

Topping

- 1/4 kop pestosaus

Routebeschrijving

a) Voordat u iets doet, moet u de grill voorverwarmen en invetten.

b) Snijd het deeg in 4 stukken. Druk ze plat op een met bloem bestoven bord in cirkels van 1/4-inch.

c) Bestrijk een kant van de deegcirkel met olijfolie. Bak ze 1 tot 2 minuten.

d) Draai ze om en bestrijk de andere kant met olijfolie.

e) Bestrijk ze met saus, paprika, uien, worst, kaas, een snufje kruiden en pestosaus.

f) Doe de deksel erop en laat de pizza 2-3 minuten garen. Serveer ze warm.

34. Caprese pizza met plat brood

Porties per recept: 4

ingrediënten

- 1 vel bladerdeeg
- 1 tomaat, in plakjes
- meel
- 1/2 pond mozzarella kaas, in plakjes
- ei wassen
- 1/2 kop pestosaus

Routebeschrijving

a) Zet de oven op 425 graden F voordat je iets anders doet en bekleed een bakplaat met bakpapier.

b) Leg het bladerdeeg op een licht met bloem bestoven oppervlak en rol het uit tot een rechthoek van minder dan 1/4 inch dik.

c) Leg het opgerolde deeg op de voorbereide bakplaat en bedek met de eierwas.

d) Bak ongeveer 10 minuten in de oven.

e) Haal uit de oven en verdeel de pesto gelijkmatig over het gebakken deeg, gevolgd door de plakjes tomaat en mozzarella.

f) Bak ongeveer 5 minuten in de oven.

g) Geniet er warm van.

PASTA PESTO

35. Pasta pesto garnalen met kaas en champignons

Porties per recept: 8

ingrediënten

- 1 pakje (16 oz.) linguine pasta
- 1 kop bereide basilicumpesto
- 2 eetlepels olijfolie
- 1 lb. gekookte garnalen, schoongemaakt en ontdarmd
- 1 kleine ui, gesnipperd
- 20 champignons, in stukjes
- 8 teentjes knoflook, in plakjes gesneden
- 3 Roma (pruim)tomaten, in blokjes gesneden
- 1/2 kop boter
- 2 eetlepels bloem voor alle doeleinden
- 2 kopjes melk
- 1 snufje zout
- 1 snufje peper
- 1 1/2 kopjes geraspte Romano-kaas Routebeschrijving

a) Voeg in een grote pan met licht gezouten kokend water de pasta toe en kook ongeveer 8-10 minuten of tot de gewenste gaarheid, laat goed uitlekken en zet opzij.

b) Verhit de olie in een grote pan op middelhoog vuur en fruit de ui ongeveer 4-5 minuten.

c) Voeg de boter en knoflook toe en bak ongeveer 1 minuut.

d) Meng ondertussen in een kom de melk en de bloem en giet het in een pan, onder voortdurend roeren.

e) Roer zout en zwarte peper erdoor en kook, al roerend, ongeveer 4 minuten.

f) Voeg de kaas toe, onder voortdurend roeren tot het volledig gesmolten is.

g) Voeg de pesto en de garnalen, tomaten en champignons toe en kook ongeveer 4 minuten of tot ze goed verwarmd zijn.

h) Voeg de pasta toe en schep om en serveer onmiddellijk.

36. Kaas Pesto Kip en Pasta Bakken

Porties per recept: 12

ingrediënten

- 1/2 kop gekruide broodkruimels
- 1/2 kop geraspte Parmezaanse kaas
- 1 theelepel olijfolie
- 1 doos penne pasta (16 oz).
- 6 kopjes gekookte kipblokjes

- 4 kopjes geraspte Italiaanse kaasmix
- 3 kopjes verse babyspinazie
- 1 blik (15 oz) geplette tomaten
- 1 pot (15 oz) Alfredo-saus
- 1 pot (15 oz.) pestosaus
- 1 1/2 kopjes melk

Routebeschrijving

a) Zet de oven op 350 graden F voordat je iets anders doet en bedek een 13 x 9-inch ovenschaal met kookspray.

b) Voeg in een kleine kom de Parmezaanse kaas, paneermeel en olie toe en meng tot alles goed gemengd is en zet opzij.

c) Voeg in een grote pan met licht gezouten kokend water de pasta toe en kook ongeveer 10-11 minuten of tot de gewenste gaarheid, laat goed uitlekken en zet opzij.

d) Voeg tegelijkertijd in een grote kom de overige ingrediënten toe en meng en meng dan de pasta.

e) Leg het kipmengsel gelijkmatig op de voorbereide ovenschaal en verdeel het Parmezaanse kaasmengsel er gelijkmatig over.

f) Bak het gerecht 40-45 minuten in de oven of tot de bovenkant goudbruin en bubbelend is.

37. Pesto spiralen

Porties per recept: 2

ingrediënten

- 1 theelepel olijfolie

- 4 kleine courgettes, in noedelachtige slierten gesneden
- 1/2 kopje garbanzo (kikkererwten) bonen, uitgelekt en afgespoeld
- 3 eetlepels pesto, of naar smaak
- zout en gemalen zwarte peper naar smaak
- 2 eetlepels geraspte witte Cheddar kaas, of naar smaak

Routebeschrijving

a) Verhit de olie in een koekenpan op middelhoog vuur.

b) Roer de courgette erdoor en kook ongeveer 5-10 minuten of tot alle vloeistof is opgenomen.

c) Roer de pesto en kikkererwten erdoor en zet het vuur onmiddellijk laag tot middelhoog en laat ongeveer 5 minuten sudderen of tot de kikkererwten en courgette noedels volledig bedekt zijn.

d) Breng op smaak met zout en zwarte peper en schep het pompoenmengsel meteen op borden.

e) Garneer het gerecht met kaas en serveer direct.

38. Pasta Kaas Pesto Garnalen

Porties per recept: 8

ingrediënten

- 1 lb. linguine pasta
- 1/3 kop pesto
- 1/2 kop boter
- 1 lb. grote garnalen, schoongemaakt en ontdarmd

- 2 kopjes slagroom

- 1/2 theelepel gemalen zwarte peper

- 1 kop geraspte Parmezaanse kaas

Routebeschrijving

a) Voeg in een grote pan met licht gezouten kokend water de pasta toe en kook ongeveer 8-10 minuten of tot de gewenste gaarheid, laat goed uitlekken en zet opzij.

b) Smelt ondertussen de boter in een grote koekenpan op middelhoog vuur. Voeg de room en zwarte peper toe en kook, onder voortdurend roeren, ongeveer 6-8 minuten.

c) Voeg de kaas toe en mix tot alles goed gemengd is. Roer de pesto erdoor en kook, onder voortdurend roeren, ongeveer 3-5 minuten.

d) Voeg de garnalen toe en kook ongeveer 3-5 minuten. Ze worden warm geserveerd met pasta.

39. Pasta pesto met walnoten

Porties per recept: 8

ingrediënten

- olijfolie
- 2 pond. verse spinazie, schoongemaakt
- 2 pond. vetvrije ricotta kaas
- 4 grote teentjes knoflook, in blokjes gesneden
- 1/2 theelepel zout
- Versgemalen zwarte peper naar smaak
- 1/2 kop geraspte Parmezaanse kaas
- 1/3 kop in blokjes gesneden walnoten, licht geroosterd
- 1 pot (24 oz) tomatensaus
- 16 verse ongekookte lasagne noedels
- 1/2 pond mozzarella, geraspte walnotenpesto:
- 3 kopjes vers verpakte basilicumblaadjes
- 3 grote teentjes knoflook
- 1/3 kopje licht geroosterde noten

- 1/3 kopje extra vierge olijfolie
- 1/3 kop geraspte Parmezaanse kaas
- Zout en peper naar smaak
- Extra vergine olijfolie (voor opslag)

Routebeschrijving

a) Zet de oven op 350 graden F voordat je iets anders doet en bedek een 13 x 9-inch ovenschaal met kookspray.

b) Voeg voor de pesto in een keukenmachine de basilicum, knoflook en walnoten toe en pulseer tot ze fijngehakt zijn. Voeg, terwijl de motor langzaam draait, de olie toe en pulseer tot een gladde massa en breng over naar een kom en roer de Parmezaanse kaas, zout en zwarte peper erdoor.

c) Meng in een grote kom de kwark of ricotta, de helft van de Parmezaanse kaas, pesto, spinazie, knoflook, walnoten, zout en zwarte peper.

d) Schep de helft van de tomatensaus op de bodem van de voorbereide ovenschaal en leg 1 laag ongekookte lasagne-noedels over de tomatensaus.

e) Bedek de noedels met een derde van het spinaziemengsel, gevolgd door 1/3 van de mozzarella. Herhaal de lagen een keer en eindig met de laatste laag noedels.

f) Dek af en bak ongeveer 35 minuten in de oven.

g) Open de braadpan en strooi de achtergehouden Parmezaanse kaas over de bovenkant van de lasagne en kook nog eens 15 minuten.

40. Lasagne pesto

Porties per recept: 8

ingrediënten

- 1/4 kop pijnboompitten
- 3 kopjes verse basilicumblaadjes
- 3/4 kop geraspte Parmezaanse kaas
- 1/2 kopje olijfolie
- 4 teentjes knoflook
- 12 lasagne noedels
- bak spray
- 3 eetlepels olijfolie
- 1 kop gesnipperde ui
- 2 pakjes (12 oz.) Bevroren gehakte spinazie
- 3 teentjes knoflook, fijngehakt
- 3 kopjes in blokjes gesneden gekookte kipfilet
- 1 theelepel zout
- 1 theelepel gemalen zwarte peper

- 2 kopjes ricotta kaas
- 3/4 kop geraspte Parmezaanse kaas
- 1 ei
- 2 kopjes geraspte mozzarella kaas

Routebeschrijving

a) Zet de oven op 350 graden F voordat je iets anders doet en bedek een 13 x 9-inch ovenschaal met kookspray.

b) Voeg in een verwarmde koekenpan met antiaanbaklaag de pijnboompitten toe op middelhoog vuur en kook, vaak roerend, ongeveer 3 minuten of tot ze geroosterd zijn.

c) Voeg in een keukenmachine de geroosterde pijnboompitten en de overige ingrediënten voor de pesto toe en mix tot een gladde massa en zet apart.

d) Voeg voor de lasagne, in een grote pan met licht gezouten kokend water, de lasagne-noedels toe en kook ongeveer 8-10 minuten of tot de gewenste gaarheid en laat goed uitlekken en zet opzij.

e) Verhit de olie in een grote koekenpan op middelhoog vuur en fruit de ui en knoflook ongeveer 5 minuten.

f) Voeg de spinazie toe en kook ongeveer 5 minuten.

g) Voeg de kip toe en kook ongeveer 5 minuten en voeg wat zout en zwarte peper toe en haal van het vuur en laat afkoelen.

h) Meng in een kom de Parmezaanse kaas, ricotta, het ei, 1 1/2 kopjes pesto en het kippenmengsel.

i) Schep de resterende pesto op de bodem van de voorbereide ovenschaal en garneer met 4 lasagne-noedels.

j) Verdeel een derde van het kippenmengsel gelijkmatig over de noedels, gevolgd door een derde van de mozzarella en herhaal de lagen twee keer.

k) Bak alles ongeveer 35-40 minuten in de oven of tot de bovenkant goudbruin en bubbelend is.

41. Pasta met pesto-groenten

Porties per recept: 8

ingrediënten

- 1 kopje verse basilicumblaadjes
- 2 teentjes knoflook, in blokjes gesneden
- 1/4 kop pijnboompitten
- 1/2 kopje Parmezaanse kaas
- 1/4 kopje olijfolie

- 2 eetlepels citroensap

- 4 kopjes mini penne pasta

- 1 theelepel olijfolie

- 1 theelepel olijfolie

- 1/4 kop pijnboompitten

- 1 kop gehakte asperges

- 1/2 kop gesneden courgette

- 1/2 kop gesneden Kalamata-olijven

- 1/2 kop in blokjes gesneden geroosterde rode paprika

- 1/2 kop gehakte zongedroogde tomaten □□1/2 kop geraspte Parmezaanse kaas

Routebeschrijving

a) Voeg in een grote pan met licht gezouten kokend water de pasta toe en kook ongeveer 11 minuten of tot de gewenste gaarheid, laat goed uitlekken en doe in een kom met 1 eetlepel olie en zet opzij.

b) Voeg ondertussen in een keukenmachine de basilicum, knoflook, 1/2 kopje kaas, 1/4 kopje olie, 1/4 kopje pijnboompitten en citroensap toe en pulseer tot een gladde massa en zet opzij.

c) Verhit de resterende olie in een grote koekenpan op middelhoog vuur en kook de resterende pijnboompitten van 1/4 kop.

d) Bak tot ze goudbruin zijn en leg ze op een bord en houd ze apart.

e) Voeg in dezelfde pan de overige ingrediënten behalve de kaas toe en kook ongeveer 5-7 minuten en roer de pijnboompitten erdoor.

f) Voeg de gewenste hoeveelheid pesto en pasta toe en hussel door elkaar.

g) Serveer direct met een kaasgarnituur.

42. Spaghettipesto

Porties per recept: 4

ingrediënten

- 1 1/2 kopjes gehakte peterselie
- 1 kopje olie
- 4 eetlepels gehakte basilicum
- 3 oz. Geraspte parmezaanse kaas
- zout

- 26.5 oz. spaghetti

- peper

- 2 oz. boter

- 1 teentje knoflook

- Parmezaanse kaas

- 2 oz. gemalen amandelen

- 2 oz. NOTEN

Routebeschrijving

a) Bereid de spaghetti volgens de aanwijzingen op de verpakking. Giet het af.

b) Neem een keukenmachine: Doe hierin de peterselie, basilicum, zout, peper, geperste knoflook, amandelen, walnoten en olie. Mix ze glad.

c) Neem een mengkom: meng de boter met de hete pasta erin.

d) Meng de pestosaus met een snufje zout en peper.

e) Strooi er wat Parmezaanse kaas over. Serveer het meteen.

43. Lasagne Alfredo

Porties per recept: 8

ingrediënten

- 1 pakje (16 oz.) lasagne-noedels
- 2 eetlepels olijfolie
- 1 kleine ui, gesnipperd
- 1 pakje (16 oz.) Bevroren gehakte spinazie, ontdooid
- 7 oz. basilicum pesto
- 30 oz. ricotta kaas
- 1 ei
- 1/2 theelepel zout
- 1/4 theelepel gemalen zwarte peper
- 1/4 theelepel gemalen nootmuskaat
- 2 kopjes mozzarella kaas, versnipperd
- 9 oz. Pastasaus in Alfredo-stijl
- 1/4 kop geraspte Parmezaanse kaas

Routebeschrijving

a) Zet de oven op 350 graden voordat je iets anders doet.

b) Bestrijk de ovenschaal met antiaanbakspray of olie.

c) Neem een kom, meng: losgeklopte eieren, nootmuskaat, peper, ricotta en zout.

d) Kook de pasta 9 minuten in gezouten water. Verwijder alle vloeistof.

e) Fruit de spinazie en ui in olijfolie. Tot de ui zacht is. Zet het vuur uit en voeg de pesto toe.

f) Voeg alles op de volgende manier toe aan een gerecht: noedels, spinazie, ricotta, mozzarella. Ga door totdat alles is gebruikt. Garneer met wat Parmezaanse kaas.

g) Kook gedurende 50 minuten. Terwijl bedekt. Laat alles 10 minuten staan.

44. Gnocchi met knoflook en basilicum

Porties per recept: 4

ingrediënten

- 2 kopjes verse basilicum, goed verpakt
- 1/4 kop pijnboompitten, licht geroosterd
- 2 teentjes knoflook, gesnipperd
- 1/3 kopje extra vierge olijfolie

- 1/2 kop Parmezaanse kaas, geraspte saus
- 2 theelepels olijfolie
- 1 teentje knoflook, geplet
- 300 ml room
- 500 g aardappel gnocchi
- zout en peper
- 1 theelepel citroensap
- verse basilicum, voor garnering
- schijfje citroen, om te serveren

Routebeschrijving

a) Voeg voor de pesto in een keukenmachine de basilicum, pijnboompitten en knoflook toe en mix tot een gladde massa.

b) Voeg, terwijl de motor langzaam draait, de olie toe, pulserend tot alles goed gemengd is. Voeg de Parmezaanse kaas toe en pulseer tot een gladde massa.

c) Verhit de olie in een kleine koekenpan op middelhoog vuur en fruit de knoflook ongeveer 1 minuut.

d) Voeg de room en 3 eetlepels pesto toe en breng aan de kook.

e) Zet het vuur laag en laat ongeveer 3 minuten sudderen.

f) Kook ondertussen de gnocchi volgens de aanwijzingen op de verpakking.

g) Laat goed uitlekken en breng de gnocchi over in een grote kom met de saus en meng om te combineren.

h) Voeg vlak voor het serveren zout, peper en citroensap toe.

i) Serveer met een garnituur van basilicum en naast partjes citroen.

45. Gnocchi-pesto

Porties per recept: 4

ingrediënten

- 1 theelepel olijfolie

- 1 kippenborst zonder botten zonder vel - gesneden in blokjes van 1 1/2-inch

- zout en gemalen zwarte peper naar smaak 2 eetlepels kippenbouillon

- 18 oz. pesto bereid in een pot

- 1 12 oz. wrap aardappel gnocchi
- 4 Oz. kleine bolletjes verse mozzarella

Routebeschrijving

a) Kruid de stukken kip gelijkmatig met peper en zout.

b) Verhit de olijfolie in een pan en kook ongeveer 7-10 minuten.

c) Breng de kip met een schuimspaan over in een kom en houd de druppels in de pan.

d) Voeg in dezelfde pan de kippenbouillon toe en breng aan de kook, schraap de gebruinde stukjes van de bodem van de pan met een houten lepel.

e) Kook ongeveer 7-10 minuten.

f) Roer de gekookte kip en pesto erdoor en haal van het vuur.

g) Kook de gnocchi in een grote pan met licht gezouten kokend water op hoog vuur ongeveer 3 minuten.

h) Breng met een schuimspaan de gnocchi over en bewaar het water in de pan.

i) Zet de pan met het kipmengsel op het kokende water en kook ongeveer 5 minuten, af en toe roeren.

j) Breng de gnocchi over op serveerschalen en bedek met het kippenmengsel.

k) Voeg de mozzarella toe en mix tot alles goed gemengd is.

46. Parmezaanse pesto

Porties per recept: 8

ingrediënten

- 1 pakje (16 oz.) penne pasta
- 2 eetlepels boter
- 2 eetlepels olijfolie
- 4 kipfilets zonder vel en zonder been, in dunne reepjes gesneden
- 2 teentjes knoflook, in blokjes gesneden zout en peper naar smaak
- 1 1/4 kopjes zware room
- 1/4 kop pesto
- 3 eetlepels geraspte Parmezaanse kaas

Routebeschrijving

a) Voeg in een grote pan met licht gezouten kokend water de pasta toe en kook ongeveer 8-10 minuten of tot de gewenste gaarheid, laat goed uitlekken en zet opzij.

b) Verhit de olie en boter in een grote koekenpan op middelhoog vuur en bak de kip ongeveer 5-6 minuten of tot ze bijna gaar zijn.

c) Zet het vuur laag tot medium-laag en roer de overige ingrediënten erdoor en kook tot de kip helemaal gaar is.

d) Voeg de pasta toe en schep alles goed door elkaar en serveer direct.

PESTO KUIKENS

47. Basilicum Kip

Porties per recept: 4

ingrediënten

- 4 kipfilethelften zonder vel en zonder been
- 1/2 kop bereide basilicumpesto, verdeeld
- 4 dunne plakjes prosciutto, of meer indien nodig

Routebeschrijving

a) Vet een bakplaat in en zet de oven op 400 graden voordat je iets anders doet.

b) Bedek elk stuk kip met 2 eetlepels pesto en bedek elk stuk met een stuk prosciutto.

c) Leg dan alles op het bord.

d) Bak alles 30 minuten in de oven tot de kip helemaal gaar is.

e) Genieten van.

48. Spinaziepesto met kaas

Porties per recept: 24

ingrediënten

- 1 1/2 kopjes babyspinazieblaadjes
- 3/4 kop verse basilicumblaadjes
- 1/2 kop geroosterde pijnboompitten
- 1/2 kop geraspte Parmezaanse kaas
- 4 teentjes knoflook, schoongemaakt en in vieren gesneden
- 3/4 theelepel koosjer zout
- 1/2 theelepel versgemalen zwarte peper
- 1 theelepel vers citroensap
- 1/2 theelepel citroenschil
- 1/2 kopje extra vierge olijfolie

Routebeschrijving

a) Voeg in een keukenmachine 2 eetlepels olie en de overige ingrediënten toe en pulseer tot alles goed gemengd is.

b) Voeg, terwijl de motor langzaam draait, de resterende olie toe en pulseer tot een gladde massa.

49. Provolone Pesto

Porties per recept: 1

ingrediënten

- 2 sneetjes Italiaans brood
- 2 plakjes tomaat
- 1 theelepel zachte boter, verdeeld
- 1 plakje Amerikaanse kaas
- 1 theelepel bereide pestosaus, verdeeld
- 1 plak provolone kaas

Routebeschrijving

a) Verdeel 1/2 theelepel boter gelijkmatig over 1 plak. Leg de plak in een pan met antiaanbaklaag, met de ingevette kant naar beneden, op middelhoog vuur.

b) Verdeel 1/2 eetlepel pesto over gelijkmatig verdeelde plak, gevolgd door een plakje provolone-kaas, plakjes tomaat en een plakje Amerikaanse kaas.

c) Verdeel de resterende pesto gelijkmatig over een ander plakje en bedek het plakje in de pan, met de pestokant naar beneden.

d) Verdeel nu de resterende boter over de sandwich en bak alles ongeveer 5 minuten aan beide kanten of tot het bruin is.

50. Pesto gehaktballetjes gevuld met kaas

Porties per recept: 12

ingrediënten

- 3 pond. gemalen kalkoen
- 1 kop fijngehakte ui
- 4 teentjes knoflook, in blokjes gesneden
- 1 ei
- 1 kopje Italiaanse broodkruimels
- 1/2 kop geraspte Parmigiano-Reggiano-kaas
- 1/2 kop gehakte verse platte peterselie
- 1/4 kop bereide pesto
- 1/4 kop melk
- 1 lepel zout
- 2 theelepels versgemalen zwarte peper
- 1 lb. verse mozzarella, in kleine blokjes gesneden
- 3 eetlepels extra vierge olijfolie
- 2 potten (24 oz) marinarasaus

Routebeschrijving

a) Zet de oven op 375 graden F voordat je iets anders doet.

b) Voeg in een grote kom de kalkoen, het ei, Parmigiano-Reggiano-kaas, pesto, melk, broodkruimels, ui, knoflook, peterselie, zout en zwarte peper toe en meng tot alles goed gecombineerd is en maak gehaktballetjes van 1 inch.

c) Maak met je vingers een gat in het midden van elke bal en vul de gaten met mozzarellablokjes.

d) Leg de gehaktballen in een pan met antiaanbaklaag in een enkele laag en besprenkel ze gelijkmatig met olie.

e) Bak de gehaktballen in de oven gedurende 30 minuten of tot de gewenste gaarheid.

f) Voeg in een pan de marinarasaus toe op laag vuur en breng op laag vuur.

g) Leg de gehaktballetjes voorzichtig in de pan met de marinarasaus en laat ze minimaal 2 minuten garen.

51. Pasta met kip pesto en spinazie

Porties per recept: 4

ingrediënten

- 2 eetlepels olijfolie

- 2 teentjes knoflook, fijngesneden

- 4 kippenborsthelften zonder vel en zonder been - in reepjes gesneden

- 2 kopjes verse spinazieblaadjes
- 1 pakje (4,5 oz.) droge Alfredo-sausmix
- 2 eetlepels pesto
- 1 pakje (8 oz.) droge penne pasta
- 1 theelepel geraspte Romano kaas

Routebeschrijving

a) Verhit de olie in een grote koekenpan op middelhoog vuur en fruit de knoflook ongeveer 1 minuut.

b) Voeg de kip toe en kook ongeveer 7-8 minuten aan elke kant en roer de spinazie erdoor en kook ongeveer 3-4 minuten.

c) Bereid ondertussen Alfredo-saus volgens de aanwijzingen op de verpakking en voeg pesto toe en roer om te combineren en opzij te zetten.

d) Voeg in een grote pan met licht gezouten kokend water de pasta toe en kook ongeveer 8-10 minuten of tot de gewenste gaarheid en laat goed uitlekken.

e) Voeg in een grote kom de gekookte pasta, het kipmengsel en het pestomengsel toe en schep alles goed door elkaar.

f) Serveer direct met een kaasgarnituur.

52. Gekookte aubergine

Porties per recept: 2

ingrediënten

- 1/2 kopje olijfolie, om te frituren
- 2 grote aubergines, in de lengte gehalveerd
- 1 snufje zout en gemalen zwarte peper naar smaak
- 1/4 kop verse basilicumblaadjes
- 3 teentjes knoflook, in blokjes gesneden
- 2 eetlepels pijnboompitten
- 2 eetlepels vers geraspte Parmezaanse kaas
- 3 eetlepels extra vergine olijfolie, voor de pesto

Routebeschrijving

a) Zet het ovenrek op laag en plaats het rek ongeveer 15 cm van het verwarmingselement.

b) Snijd met een scherp mes kruiselings reepjes in elke auberginehelft (pas op dat u de schil niet doorboort) en kruid de aubergine met zout en zwarte peper

c) Verhit in een grote koekenpan 1/2 kopje olijfolie op middelhoog vuur.

d) Leg de auberginehelften voorzichtig in de pan, met de velkant naar boven, en kook ongeveer 10 minuten of tot ze goudbruin zijn.

e) Wissel van kant en kook ongeveer 2-3 minuten en breng over naar een met keukenpapier beklede plaat.

f) Voeg ondertussen in een keukenmachine de basilicum, knoflook, kaas, pijnboompitten en de helft van de olie toe en pulseer tot alles goed gemengd is.

g) Voeg, terwijl de motor langzaam draait, de resterende olie toe en pulseer tot een gladde massa.

h) Leg de auberginehelften in een pan met de velkant naar beneden en bedek elke helft met de pesto.

i) Kook ongeveer 7-10 minuten of tot de bovenkant bubbelt.

53. Gemengde Medley Pesto

Porties per recept: 4

ingrediënten

- 6 1/2 kopjes water
- 1 grote courgette, in blokjes
- 6 blokjes groentebouillon
- 2 eetlepels zongedroogde tomatenpesto

- 2 middelgrote aardappelen, in blokjes gesneden
- 2 wortelen, in blokjes gesneden
- 1 middelgrote ui, in blokjes gesneden

Routebeschrijving

a) Voeg in een grote pan het water toe en breng op middelhoog vuur aan de kook en los de groentebouillonblokjes volledig op.

b) Voeg alle groenten toe en kook ongeveer 10 minuten en zet het vuur laag.

c) Roer de pesto erdoor en laat ongeveer 35 minuten sudderen of tot de aardappelen helemaal gaar zijn.

54. Courgette met pesto en kaas

Porties per recept: 4

ingrediënten

- 4 courgettes, in plakjes
- 1 kopje basilicumpesto
- 4 eetlepels parmezaan

Routebeschrijving

a) Leg de pompoen in een stomer op ongeveer 1 inch kokend water.

b) Kook, afgedekt, ongeveer 2-6 minuten of tot de gewenste graad is bereikt.

c) Doe de courgette in een serveerschaal met de pesto en schep goed om.

d) Serveer met een kant van kaas.

55. Macaroni in romige rundersaus

Porties per recept: 6

ingrediënten

- 1 pakje (16 oz.) elleboog macaroni
- 1/2 kopje room
- 1 lb. gehakt
- 1/2 kop pesto

Routebeschrijving

a) Voeg in een grote pan met licht gezouten kokend water de macaroni toe en kook ongeveer 8-10 minuten of tot de gewenste gaarheid, laat goed uitlekken en zet opzij.

b) Verhit de olie in een grote koekenpan op middelhoog vuur en kook het vlees ongeveer 5-7 minuten, of tot het bruin is en al het vet is gesmolten.

c) Voeg de room en pesto toe en roer door elkaar.

d) Kook tot het volledig is verwarmd.

e) Roer de macaroni erdoor en serveer direct.

56. Biefstukpesto

Porties per recept: 6

ingrediënten

- 4 teentjes knoflook

- 2 kopjes verse basilicumblaadjes verpakt

- 1/3 kopje pijnboompitten

- 1/2 kopje extra vierge olijfolie

- 1/2 kopje vers geraspte Parmezaanse kaas

- 1 1/2 eetlepels vers citroensap
- 3/4 theelepel rode pepervlokken
- 6 (6 oz.) platte ijzeren steaks
- 2 grote teentjes knoflook, in blokjes gesneden
- zout en peper naar smaak

Routebeschrijving

a) Zet de grill op middelhoog vuur en smeer de grill in met een beetje kookspray.

b) Voeg in een keukenmachine de basilicum, 4 teentjes knoflook en de pijnboompitten toe en pulseer tot ze fijngehakt zijn.

c) Voeg, terwijl de motor langzaam draait, olie toe en pulseer tot een gladde massa.

d) Voeg het citroensap, de kaas, de rode pepervlokken, het zout en de zwarte peper toe en pulseer tot alles goed gemengd en glad is en zet opzij.

e) Wrijf de resterende 2 teentjes knoflook gelijkmatig over de biefstuk en bestrooi met zout en zwarte peper.

f) Grill de steak ongeveer 4 minuten aan elke kant, bedruip af en toe met een beetje van het pestomengsel.

g) Serveer de steak met een topping van eventueel overgebleven pesto.

57. Pesto roze pilaf

Porties per recept: 4

ingrediënten

- 1 1/2 pond. zalmfilets, in blokjes van 1 inch gesneden
- 1/3 kop pesto
- 2 eetlepels boter
- 2 sjalotten, fijngesnipperd
- 1 kop ongekookte langkorrelige witte rijst
- 2 1/2 kopjes visbouillon
- 2/3 kopje droge witte wijn

Routebeschrijving

a) Voeg in een kom de zalm en pesto toe en hussel ze goed door elkaar en zet opzij.

b) Smelt de boter in een pan op middelhoog vuur en fruit de sjalotten ongeveer 2-3 minuten of tot ze zacht zijn.

c) Voeg de wijn, bouillon en rijst toe en roer door elkaar en breng aan de kook.

d) Zet het vuur laag en laat, afgedekt, ongeveer 15 minuten sudderen.

e) Haal het deksel van de pan en plaats de zalm over de rijst en laat afgedekt ongeveer 25-30 minuten sudderen of tot de zalm en rijst volledig gaar zijn.

58. Pesto vis

Porties per recept: 4

ingrediënten

- 1/4 kop pijnboompitten
- 1/2 kop grof gehakte verse basilicum
- 1/4 kop geraspte Parmezaanse kaas
- 1 teentje knoflook, in blokjes gesneden
- 3 eetlepels extra vierge olijfolie
- zout en versgemalen zwarte peper naar smaak
- 1 lb. Zalmfilet

Routebeschrijving

a) Zet de grill op middelhoog vuur en smeer de grill in met een beetje kookspray.

b) Voeg de pijnboompitten toe aan een kleine koekenpan met antiaanbaklaag die is voorverwarmd op middelhoog vuur en kook, al roerend, ongeveer 5 minuten of tot ze geroosterd zijn.

c) Voeg in een keukenmachine geroosterde pijnboompitten, Parmezaanse kaas, basilicum en knoflook toe en mix tot een dikke pasta ontstaat.

d) Voeg, terwijl de motor langzaam draait, de olie toe en pulseer tot een gladde massa en breng op smaak met zout en zwarte peper.

e) Leg de zalmfilets op de grill, met de velkant naar beneden, en kook, afgedekt, ongeveer 8-15 minuten, of tot de zalm voor ongeveer 2/3 gaar is.

f) Leg nu de zalmfilets op een bakplaat en bedek elke filet gelijkmatig met pesto.

g) Zet de ovengrill op voorverwarmen en plaats het rek ongeveer 15 cm van het verwarmingselement.

h) Bak de zalmfilets ongeveer 5 minuten of tot de zalm gaar is en de pesto bubbelt.

59. Pestorisotto met Parmezaanse kaas

Porties per recept: 2

ingrediënten

- 1 kop risottorijst (Arborio)
- 2 1/2 kopjes kippenbouillon
- 1 eetlepel boter
- 1 rode paprika, fijngesneden
- 1 ui, gesnipperd
- 1 tomaat, in stukjes
- 1/2 courgette, in stukjes
- 1/3 kopje erwten
- 1/2 kop champignons, in plakjes
- 2-3 eetlepels pestosaus
- Parmezaanse kaas, geraspt
- zout en peper

Routebeschrijving

a) Zet een diepe koekenpan op middelhoog vuur. Verwarm de boter erin. Bak hierin de ui 2 minuten.

b) Roer de peper erdoor en kook 2 minuten. Zet het vuur lager en roer de rijst erdoor.

c) Kook ze 1 min. Roer 1/4 kopje van de bouillon erdoor en kook tot de rijst het opneemt terwijl je roert.

d) Meng de tomaat met de courgette. Kook ze gedurende 22 minuten al roerend, voeg indien nodig meer bouillon toe.

e) Meng de champignons met een snufje zout en peper. Kook ze al roerend 5 minuten.

f) Gooi de erwten met de resterende bouillon. Kruid ze met een snufje zout en peper.

g) Serveer je risotto warm met toppings naar keuze.

60. Tennessee Tilapia

Porties per recept: 2

ingrediënten

- 1/2 liter cherrytomaatjes
- zout en peper
- 4 teentjes knoflook, fijngesneden topping
- 2 theelepels extra vierge olijfolie
- schijfje citroen
- 2 eetlepels pestosaus
- 1 citroen
- 2 (4 oz.) tilapiafilets

Routebeschrijving

a) Zet de oven op 425 graden F voordat je iets anders doet.

b) Voeg in een kom de tomaten, knoflook, olijfolie en een beetje zout en peper toe en meng voorzichtig.

c) Doe het mengsel over op een bakplaat en bak het ongeveer 10 minuten in de oven.

d) Voeg in een kom een beetje citroensap en pesto toe en meng goed.

e) Kruid de tilapiafilets met peper en zout.

f) Verdeel het pestomengsel over elke tilapiafilet.

g) Snijd de citroenhelften met het sap nogmaals doormidden.

h) Leg 4 partjes citroen op een bakplaat.

i) Leg elke filet op 2 partjes citroen.

j) Bak ongeveer 10 minuten in de oven.

k) Leg op elk bord 1 filet.

l) Verdeel het tomatenmengsel over beide borden.

m) Serveer met partjes citroen.

61. Mosselen Puttanesca Basilicum

Porties per recept: 4

ingrediënten

- 1/2 kopje basilicum
- 1/2 kop Italiaanse peterselie
- 1/2 kop walnoten
- 1/4 kopje olijfolie
- 2 teentjes gehakte knoflook
- 2 eetlepels citroensap
- 1/2 theelepel zout
- 8 Oz. pasta met engelenhaar
- 2 fijngehakte zoete rode kersenpepers
- 1 gesneden tomaat
- 1/8 kopje zongedroogde tomaten, verpakt in olie
- 2 eetlepels geraspte fetakaas
- 1/8 kopje gehakte olijven, naar keuze
- 1 theelepel kappertjes

- 3 2/3 oz. gerookte mosselen
- peper

Routebeschrijving

a) Voeg voor de pesto in een keukenmachine de walnoten, verse kruiden, knoflook, citroensap, olijfolie en zout toe en mix tot een gladde massa.

b) Bereid de pasta volgens de instructies op de verpakking.

c) Doe de pesto, pasta en de overige ingrediënten in een grote serveerschaal en schep ze goed door elkaar.

62. Pennsylvania Kip Kotelet

Porties per recept: 1

ingrediënten

- 2 eetlepels balsamico vinaigrette
- 1/2 focacciabrood, horizontaal gesneden
- 1 kop gemengde sla, los verpakt
- 3 -4 plakjes trostomaten
- 3 -4 plakjes rode ui
- 3 oz. zonder been, zonder vel, gegrilde en in plakjes gesneden kipfilet
- 1 theelepel mayonaise
- 1 theelepel basilicumpesto

Routebeschrijving

a) Leg de onderste boterham op een bord. Sprenkel de balsamico vinaigrette erover.

b) Leg de sla, gevolgd door de tomaten, gesneden uien en kipfilet.

c) Neem een mengkom: meng pesto met mayonaise erin. Sprenkel het mengsel over de plakjes kipfilet.

d) Bedek de sandwich met het bovenste sneetje brood. Serveer het meteen.

e) Genieten van.

63. Citroenpesto vis

Porties per recept: 4

ingrediënten

- 2 pond. zalmfilet, zonder been
- 1/2 kopje witte wijn
- 2 citroenen

- 1 1/2 kopjes pesto

Routebeschrijving

a) Vet een bakplaat in met olie en leg de stukken vis erin, met de velkant naar beneden.

b) Bestrijk de vis met het sap van een vers geperste citroen en overgiet alles met wijn.

c) Laat de vis 20 minuten in het bord zitten.

d) Verwarm nu de oven voor voordat u iets anders doet.

e) Verdeel de pesto gelijkmatig over de stukken vis en kook alles onder de grill.

f) Voor elke 1 inch dikte van uw vis. Bak het 9 minuten.

g) Haal de vis nu uit de oven en bedek ze met het sap van een 2e vers geperste citroen.

h) Snijd de resterende citroen in dunne plakjes en leg deze op de vis.

64.Californische Chimichurri Rib-Eye

Porties per recept: 4

ingrediënten

- 2 ribsteaks
- 1/4 kop pestosaus

- 2 eetlepels geraspte Parmezaanse kaas
- 1 theelepel olijfolie

pesto

- 2 kopjes basilicumblaadjes, verpakt
- 1/2 kop geraspte Romano-kaas
- 1/2 kopje extra vierge olijfolie
- 1/3 kopje pijnboompitten
- 3 teentjes middelgrote knoflook, gesnipperd
- zout en gemalen zwarte peper

Routebeschrijving

a) Zet de grill op middelhoog vuur en vet de grill licht in.

b) Voor de pesto: voeg de pijnboompitten, basilicum en knoflook toe aan een blender en pureer tot ze fijngehakt zijn.

c) Voeg, terwijl de motor draait, langzaam de olie toe en pulseer tot alles goed gemengd is. Voeg Romano-kaas, een snufje zout en zwarte peper toe en pulseer tot alles goed gemengd is.

d) Doe de pesto over in een kom. Voeg de Parmezaanse kaas toe en meng goed. Maak met een scherp mes een horizontale snede in elke biefstuk om een zak te creëren.

e) Schep het pestomengsel gelijkmatig in de zak van elke steak en gebruik je vingers om de zakken dicht te drukken.

f) Spuit elke zak gelijkmatig met olie.

g) Plaats de steakzakken op de grill ongeveer 4-5 inch van het verwarmingselement.

h) Dek af en gril ongeveer 6-7 minuten aan elke kant.

i) Haal de steaks van de grill en leg ze op een snijplank.

j) Snijd elk in dikke reepjes en geniet ervan.

65. Pecannoten, Parmezaanse kaas en couscouspesto

Porties per recept: 4

ingrediënten

- 2/3 kop pecannoten
- 1 eetlepel boter
- 1 1/2 kopjes verse champignons in vieren gesneden
- 1 ui, gesnipperd
- 1 theelepel vers gehakte knoflook

- 2 theelepels boter
- 1 1/4 kopjes water
- 1 blik couscous (5,8 oz).
- 1 fles (8.5 oz) zongedroogde tomatenpesto
- 1/3 kopje fijn geraspte Parmezaanse kaas of meer naar smaak
- zout en gemalen zwarte peper naar smaak

Routebeschrijving

a) Rooster de pecannoten 25 minuten in de oven op een bakplaat.

b) Bak intussen de knoflook, ui en champignons 9 minuten in 1 eetlepel boter. Doe dan alles in een kom.

c) Smelt nog 2 eetlepels boter en voeg het dan toe aan het water, laat het koken.

d) Als alles kookt, voeg je de couscous toe aan een grote kom en meng je deze met het kokende water.

e) Dek de kom af met plasticfolie en laat hem 12 minuten staan.

f) Nadat alle vloeistof is opgenomen, pureer je het met een vork.

g) Voeg de pesto, pecannoten, Parmezaanse kaas en champignons toe aan de couscous en breng op smaak met een beetje peper en zout.

h) Meng alles gelijkmatig.

66. Cambodjaanse kippesto

Porties per recept: 2

ingrediënten

- 500 g kippenpoten, in stukjes
- 1 theelepel oestersaus
- 1 bosje basilicumblaadjes
- 1 theelepel zoete zwarte sojasaus
- 4 hete pepers, gesneden
- 2 eetlepels bakolie
- 1 handvol pinda's
- 150 ml water
- 1 theelepel gehakte knoflook
- 1 eetlepel vissaus

Routebeschrijving

a) Verhit de olie in een pan en kook de kip, pepers, knoflook, vissaus en water ongeveer 10 minuten.

b) Roer de basilicum, pinda's, ketjap en oestersaus erdoor en laat ongeveer 2 minuten sudderen.

67. Slaappesto

Porties per recept: 4

ingrediënten

- 3 eetlepels boter, verdeeld
- 1 pakket (16 oz.) Bevroren volkoren maïs
- 1 ui, medium en gesnipperd
- 1 middelgrote groene paprika, fijngesneden
- 1 middelgrote rode paprika, fijngesneden
- 3/4 theelepel zout
- 3/4 theelepel witte peper
- 1/2 kop meel
- 1/4 kop gele maïsmeel
- 1 eetlepel creoolse kruiden
- 32 oz. slaap tabbladen
- 1/3 kopje karnemelk
- 1 theelepel plantaardige olie
- 1/2 kop slagroom

- 2 eetlepels basilicum, fijngehakt

Routebeschrijving

a) Zet een pan op hoog vuur. Verhit er 2 eetlepels boter in. Fruit hierin de mais, ui, paprika, zout en peper 4 minuten.

b) Neem een ondiepe kom: meng de bloem, olie en Creoolse kruiden erin.

c) Doop de visfilets in de karnemelk en bedek ze met het bloemmengsel.

d) Zet een grote koekenpan op middelhoog vuur. Verhit 1 eetlepel boter met olie erin. Bak hierin de visfilets 3 tot 4 minuten aan elke kant.

e) Giet de visfilets af en leg ze op borden. Meng in dezelfde pan de room met de basilicum.

f) Verwarm gedurende 1 tot 2 minuten. Zet het vuur uit.

g) Leg de filets met het groentemengsel erop. Sprenkel de basilicumsaus erover.

h) Serveer ze meteen met wat rijst.

68. Open boterham met kaaspesto

Porties per recept: 8

ingrediënten

- 1 (1 lb.) Frans stokbrood
- 2/3 kopje mayonaise
- 1/3 kopje basilicumpesto

- 2 teentjes knoflook, in blokjes gesneden
- 1/2 kopje vers geraspte Parmezaanse kaas
- Zout naar smaak

Routebeschrijving

a) Zet de oven op de grill voordat u iets anders doet.

b) Leg de sneetjes brood op een bakplaat in een enkele laag en gril ze ongeveer 5-6 minuten of tot ze licht geroosterd zijn.

c) Haal alles uit de oven en leg het onmiddellijk op een bord, wissel van kant van het sneetje brood, met de geroosterde kant naar beneden.

d) Stel nu de oven in op 350 graden F voordat u verder gaat.

e) Voeg in een kleine kom de overige ingrediënten toe en mix tot alles goed gemengd is.

f) Verdeel het pestomengsel gelijkmatig over de ongebakken kant van elk plakje en schik op een bakplaat. Bak alles ongeveer 6-8 minuten in de oven.

g) Zet nu de oven op de grill en rooster de sandwich tot de bovenkant goudbruin en bubbelend is.

69. Gyros Caprese

Porties per recept: 12

ingrediënten

- 4 rondjes pitabroodje
- 1 theelepel olijfolie
- 1/4 theelepel Italiaanse kruiden
- 1/4 kop geraspte Parmezaanse kaas
- 8 Oz. Mozzarella
- 2 grote pruimtomaten
- 1/2 kopje basilicum, gehakt
- 1/4 kop geroosterde, gehakte walnoten
- 1 teentje knoflook, geperst
- 1/4 theelepel zout
- 2 eetlepels sladressing met lichte balsamico vinaigrette
- 4 kopjes groenten voor kinderen

Routebeschrijving

a) Zet de oven op 425 graden F voordat je iets anders doet.

b) Bestrijk de pitabroodjes gelijkmatig met olie en bestrooi met Italiaanse kruiden, gevolgd door Parmezaanse kaas.

c) Bak ongeveer 8-10 minuten in de oven.

d) Ondertussen, voor de pesto: voeg in een kom de basilicum, knoflook, walnoten en zout toe en mix tot alles goed gemengd is.

e) Haal de pitabroodjes uit de oven en schik ze op borden, met de kaaskant naar beneden.

f) Verdeel de dressing gelijkmatig over de achterkant van elke pitabroodje.

g) Snijd elke ronde in 6 gelijke plakken.

h) Schik 12 pitabroodjes op een schaal.

i) Bedek elk plakje pitabroodje met wat groen, 1 plakje mozzarella, pesto en 1 plakje tomaat.

j) Beleg elk sneetje met de overige sneetjes, met de kaaskant naar boven.

k) Zet elke sandwich vast met tandenstokers en geniet ervan.

70. Florida Kip Panini

Porties per recept: 4

ingrediënten

- 4 kipfilets zonder botten en zonder vel, gemalen
- 3 eetlepels olijfolie

- 1 theelepel gehakte knoflook
- 1 theelepel droge Italiaanse kruiden
- zout en peper
- 1 1/2 kopjes geroosterde rode paprika's
- 4 sneetjes provolone kaas
- 3/4 kop pestosaus
- 8 sneetjes Italiaans brood olijfolie

Routebeschrijving

a) Schik de kipfilets tussen 2 vellen vetvrij papier en met een vleeshamer tot ze gelijkmatig bedekt zijn.

b) Voeg in een kom de knoflook, 3 eetlepels olie, de Italiaanse kruiden en peper toe en meng goed.

c) Voeg de kipfilets toe en bestrijk ze royaal met het oliemengsel.

d) Koel ongeveer 2 uur.

e) Haal de kipfilets uit de marinade en bestrooi ze gelijkmatig met zout en peper.

f) Zet een pan op middelhoog vuur tot hij heet is.

g) Voeg de stukjes kip toe en kook ongeveer 10 minuten, keer halverwege een keer.

h) Leg de kipfilet op een bord.

i) Verdeel de gebakken paprika's gelijkmatig over elke kipfilet, gevolgd door 1 plakje kaas.

j) Verdeel de pesto gelijkmatig over beide kanten van elk sneetje brood.

k) Leg op elk van de 4 sneetjes brood 1 kipfilet.

l) Bedek met de resterende sneetjes brood.

m) Bestrijk de buitenkant van elke sandwich met olijfolie.

n) Zet een grillpan op middelhoog vuur tot hij heet is.

o) Plaats 2 panini-sandwiches en dek af met een andere zware pan voor het gewicht, gevolgd door een zware doos.

p) Kook ongeveer 6 minuten, keer halverwege een keer om.

q) Snijd elke sandwich doormidden en geniet ervan.

71. Mozzarella Provolone Panini

Porties per recept: 1

ingrediënten

- 1/3 kopje uitgelekte zongedroogde tomaten per pakket
- extra vierge olijfolie in olie, fijngehakt
- 5 sneetjes provolone kaas
- 3 eetlepels schone zwarte olijven met olie, ontpit en
- 1/2 pond Mozzarella kaas, versnipperd

- 1/2 theelepel gedroogde oregano
- grondpeper
- 10 sneetjes wit brood

Routebeschrijving

a) Voor de pesto: Voeg in een blender de olijven, zongedroogde tomaten, oregano en peper toe en verwerk tot een licht samenhangende pasta ontstaat.

b) Bestrijk een deel van alle sneetjes brood met olie in een dunne laag.

c) Leg op de bodem van een bakplaat 5 sneetjes brood, met de ingevette kant naar beneden.

d) Leg 1 plak provolone op 5 sneetjes brood, gevolgd door tomatenpesto en mozzarella.

e) Beleg met de overige sneetjes brood, met de ingevette kant naar boven.

f) Zet een koekenpan op middelhoog vuur tot hij heet is.

g) Leg de sandwiches in porties en dek af met een gietijzeren pan voor het gewicht.

h) Kook ongeveer 4 minuten, keer halverwege een keer om.

i) Snijd elke sandwich doormidden en geniet ervan.

72. Basil Rundvlees Panini

Porties per recept: 4

ingrediënten

- 8 sneetjes Italiaans brood
- 4 plakjes mozzarella kaas
- 2 eetlepels boter, zachte spaghettisaus
- 4 eetlepels bereide basilicumpesto
- 1/2 pond deli rosbief, gekookt, gesneden

Routebeschrijving

a) Verdeel de boter aan één kant van alle sneetjes brood gelijkmatig.

b) Verdeel het vlees gelijkmatig over 4 sneetjes brood, gevolgd door de pesto en kaas.

c) Beleg met de overige sneetjes brood, met de ingevette kant naar boven.

d) Zet de pan op middelhoog vuur tot hij warm is.

e) Leg de sandwiches met de ingevette kant naar beneden en bak ze ongeveer 4-5 minuten, keer ze halverwege om.

f) Lekker warm met spaghettisaus.

73. Volkoren panini

Porties per recept: 6

ingrediënten

- 2 grote geroosterde tomaten, ontveld en in plakjes
- 1 bal (16 oz) mozzarella kaas
- 12 sneetjes volkorenbrood

- 1 kop pestosaus
- koosjer zout
- boter, ongezouten

Routebeschrijving

a) Stel de paninipers in zoals voorgesteld in de handleiding.

b) Kruid de plakjes tomaat met een beetje zout.

c) Schik de sneetjes brood op een schaal.

d) Verdeel de pesto gelijkmatig over alle sneetjes brood.

e) Leg op 6 sneetjes brood 1 plak mozzarella, gevolgd door de plakjes tomaat.

f) Bestrooi de tomaat met een beetje zout.

g) Beleg met de resterende sneetjes brood, met de pestokant naar beneden.

h) Doe de boter aan beide kanten van alle sandwiches.

i) Leg de sandwiches in porties in de paninipers en bak ze ongeveer 2-3 minuten.

j) Snijd elke sandwich doormidden en geniet ervan.

74. Zomers broodje

Porties per recept: 8

ingrediënten

- 1 (1 pond) ciabattabrood
- 3/4 kop pesto
- 8 Oz. fontina kaas, in plakjes
- 2 rijpe tomaten, in plakjes
- 4 slablaadjes

Routebeschrijving

a) Zet de ovengrill indien mogelijk op laag.

b) Snijd je brood doormidden. Bestrijk de ene kant met een beetje pesto en leg op de andere kant de volgende lagen: tomaten en fontinakaas.

c) Leg de stukjes brood met kaas onder de grill tot de kaas smelt.

d) Bedek dit stuk met wat sla.

e) Vorm sandwiches en snijd ze doormidden om te serveren.

75. Deeg, provolone, pesto

Porties per recept: 16

ingrediënten

- 1/2 kopje extra vierge olijfolie
- 8 sneetjes brood met deeg
- 1/4 kop pesto
- 16 dunne plakjes provolone kaas
- 12 dunne plakjes prosciutto
- 4 hele rode paprika's, geroosterd, julienne gesneden

Routebeschrijving

a) Verwarm de panini-grill volgens de instructies van de fabrikant.

b) Verdeel de pesto over elke helft van het brood voordat u de helft van de kaas, prosciutto, paprikareepjes en de resterende kaas over de onderste helft legt en sluit om een sandwich te maken.

c) Doe er een beetje boter op en bak deze Panini in de voorverwarmde grill ongeveer 4 minuten of tot de buitenkant goudbruin is.

76. Pita, Pesto en Parmezaanse kaas

Porties per recept: 4

ingrediënten

- 1 kop (6 oz.) zongedroogde tomatenpesto

- 3 eetlepels olijfolie

- 6 (6-inch) volkoren pitabroodjes

- gemalen zwarte peper naar smaak
- 2 Roma-tomaten (pruimen), in stukjes
- 1 bosje spinazie, afgespoeld en fijngesneden
- 4 verse champignons, in plakjes
- 1/2 kop geraspte fetakaas
- 2 eetlepels geraspte Parmezaanse kaas

Routebeschrijving

a) Zet de oven op 350 graden voordat je iets anders doet.

b) Besmeer elk stuk pita met een beetje pesto en bedek elk stuk met: peper, tomaten, olijfolie, spinazie, Parmezaanse kaas, champignons en feta.

c) Bak het brood 15 minuten in de oven en snijd het voor het serveren in driehoeken.

d) Genieten van.

77. Wraps met tuinkalkoenpesto

Porties per recept: 1

ingrediënten

- 1 grote tortilla
- 1/4 kop alfalfaspruiten
- 2 eetlepels basilicumpesto
- 2 eetlepels geraspte cheddar kaas
- 3 eetlepels vetvrije roomkaas

- 2 eetlepels geraspte wortelen

- 3 plakjes tomaat

- 4 plakjes heerlijke kalkoen

- 6 plakjes komkommer

Routebeschrijving

a) Verwarm de tortilla een paar seconden aan elke kant in een pan. Breng het over op een bord.

b) Bedek het met pestosaus, gevolgd door roomkaas, tomaat, komkommer, alfalfaspruiten, wortel, kalkoen en kaas.

c) Rol je tortillaburrito op en serveer.

78. Wraps met tilapia pesto groene salade

Porties per recept: 2

ingrediënten

- 2-3 tilapiafilets
- 1 avocado, in plakjes
- 16 oz. koolzaadolie
- 1 krop ijsbergsla

Het koste

- 1 theelepel Old Bay-kruiden
- 1 theelepel zout
- 1 theelepel zwarte peper
- 1 theelepel cayennepeper
- 1/2 theelepel knoflookpoeder
- 3/4 kop tarwebloem
- 3/4 kop panko paneermeel
- 1 ei
- 1/2-1 kopje water

pesto

- 1/2 kop geroosterde rode paprika
- 1/4 kopje Griekse yoghurt
- 2 teentjes knoflook
- 1/2 kopje basilicum
- 1/2 kopje Parmezaanse kaas en pecorino kaasmengsel
- 1/2 theelepel peper
- 1/4 kopje olijfolie

Routebeschrijving

a) Om het deeg te bereiden:

b) Neem een mengkom: meng hierin alle ingrediënten voor het deeg.

c) Snijd elke visfilet in 3 stukken. Dompel ze volledig in het beslag.

d) Zet een grote diepe koekenpan op middelhoog vuur. Verhit daarin 3 cm olie.

e) Bak hierin de stukjes vis tot ze goudbruin zijn. Giet ze af en leg ze op keukenpapier om te drogen.

f) Neem een keukenmachine: doe alle ingrediënten van de paprikapesto erin. Kruid ze met een snufje zout. Mix ze glad.

g) Leg elk 2 slablaadjes op een serveerschaal. Beleg ze met gebakken vis, gevolgd door avocado- en peperpesto.

h) Serveer uw geopende pakketten direct. Genieten van.

79. Quesadilla's met tonijn uit de tuin

Porties per recept: 6

ingrediënten

- 4 tortilla's met knoflookpesto
- 1 theelepel olijfolie
- 1/4 kop geroosterde rode paprika pesto
- 2 (85 g) tonijn, uitgelekt

- 2 kopjes courgette, geraspt
- 6 plakjes peper Monterey Jack kaas
- zout en peper

Routebeschrijving

a) Bestrijk elke kant van alle tortilla's met een dun laagje olie.

b) Verdeel pesto gelijkmatig over 2 tortilla's, gevolgd door plakjes tonijn, courgette en kaas.

c) Bestrooi met zout en peper en dek af met de overige 2 tortilla's, met de ingevette kant naar boven.

d) Plaats in een koekenpan 1 quesadilla op middelhoog vuur, met de oliekant naar beneden, en kook ongeveer 2-3 minuten aan elke kant.

e) Herhaal met de resterende quesadilla.

f) Snijd elke quesadilla in 6 plakjes en geniet ervan.

80. Focaccia met Alaska-topping

Porties per recept: 4

ingrediënten

- 1 (14 3/4 oz.) blik zalm, zonder been
- 1/2 kop pestosaus
- 1/2 kop rode ui, gesnipperd
- 1/3 kopje zongedroogde tomaten, gehakt
- 4 eetlepels mayonaise
- 2 theelepels citroenschil, versnipperd
- 1 focacciabrood
- Roemeens slablad

Routebeschrijving

a) Neem een mengkom: meng hierin de zalm en pesto met de tomaten, uien en citroenrasp.

b) Snijd het broodje doormidden. Verdeel de sla over de onderste helft, gevolgd door de zalmsalade.

c) Bedek het met de bovenste helft van het brood. Snijd de sandwich in 4 stukken en wikkel ze elk in huishoudfolie.

d) Leg de sandwiches in de koelkast en laat ze minimaal een nacht staan.

e) Pak de sandwiches uit en serveer ze met je favoriete toppings.

f) Genieten van.

81. Muffulettas Franse wijk

Porties per recept: 4

ingrediënten

- 1 aubergine, in plakjes
- 1 courgette, schuin gesneden
- 1 rode paprika, in de lengte in vieren gesneden
- 1 grote dop portabella-paddenstoelen
- 1 rode ui, gesnipperd
- 1/2 kopje extra vierge olijfolie zout en peper
- 6 oz. Baby spinazie
- 1/3 kopje pijnboompitten
- 2/3 kopje Parmigiano-Reggiano kaas, geraspt
- 1 kopje in de winkel gekochte giardiniera
- 1/2 kopje ontpitte groene olijven
- 1 (8 - 9 inch) rond Italiaans brood
- 1/4 pond gesneden provolone kaas

Routebeschrijving

Om de gegrilde groenten te bereiden:

a) Voordat u iets doet, moet u de grill voorverwarmen en invetten.

b) Bestrijk aubergine, courgette, paprika, portobello en rode ui met 1/4 kopje olijfolie.

c) Strooi er wat peper en zout over. Bak ze 3 tot 4 minuten aan elke kant. Bereiding van de pestosaus:

d) Neem een blender: meng er de spinazie, pijnboompitten, Parmigiano-Reggiano, een snufje zout en peper. Mix ze glad. Voeg geleidelijk de rest van de olie toe terwijl je mixt.

e) Schenk de pesto in een serveerschaal. Zet het opzij.

Om de smaak te bereiden:

f) Neem een keukenmachine: combineer de olijven met de giardiniera erin. Pulseer ze een paar keer tot ze gehakt zijn.

g) Schep de helft van de pestosaus in de broodjes.

h) Bedek ze met gegrilde groenten, de rest van de pestosaus en proef. Bedek ze met de bovenste broodjes en serveer. Genieten van.

82. Broodje kippesto

Porties per recept: 4

ingrediënten

- 4 Oz. gemengde champignons, in dunne plakjes
- 1 ons. balsamico azijn
- 4 Oz. rode paprika, geroosterd en in plakjes
- 2 middelgrote tomaten, in plakjes
- 4 Italiaanse broodjes, gehalveerd
- 4 (4 oz.) kippenborsten zonder botten, zonder vel, bijgesneden
- 4 Oz. pesto saus
- 4 Oz. feta kaas

Routebeschrijving

a) Pak een mengkom: Meng de balsamicoazijn met de champignons. Laat ze 1 hele dag in de koelkast staan.

b) Giet de champignons af en schud de overtollige azijn eraf.

c) Voordat u iets doet, moet u de grill voorverwarmen en invetten.

d) Besmeer de onderste plakjes met pestosaus en beleg ze vervolgens met fetakaas, kipfilet, champignons, geroosterde paprika en plakjes tomaat.

e) Bedek de sandwiches met de sneetjes brood erop. Gebruik 2 tandenstokers om elke sandwich vast te zetten.

f) Snijd ze doormidden en serveer direct.

g) Genieten van.

83. Seattle Chicken Sandwich

Porties per recept: 6

ingrediënten

- 6 sneetjes Italiaans brood
- 1/3 kopje basilicumpesto
- 3 oz. gesneden prosciutto, optioneel
- 1 blik (14 oz.) artisjokharten, uitgelekt en in plakjes

- 1 (7 oz.) pot geroosterde rode paprika's, uitgelekt en in plakjes
- 12 oz. gekookte kip, in reepjes gesneden
- 4 -6 oz. geraspte provolone kaas

Routebeschrijving

a) Voordat je iets doet, verwarm je de oven voor op 450F.

b) Smeer pesto op één kant van elk sneetje brood.

c) Verdeel de plakjes prosciutto, gevolgd door de plakjes artisjok, rode paprikareepjes en kipreepjes over de sneetjes brood.

d) Leg 6 stukken folie op een snijplank. Plaats elke sandwich voorzichtig in een stuk folie en wikkel het er omheen.

e) Leg ze op een bakplaat en bak ze vervolgens 9 minuten in de oven.

f) Gooi de stukjes folie weg en leg de open sandwiches terug op de bakplaat.

g) Strooi de geraspte kaas erover. Bak de sandwiches nog 4 minuten in de oven.

h) Serveer je sandwiches warm met je favoriete toppings.

i) Genieten van.

84. Panini Mediterraan

Porties per recept: 4

ingrediënten

- 4 kipfilets zonder botten en zonder vel
- 2 grote citroenen
- 2 teentjes knoflook, gesnipperd

- 1 theelepel olijfolie
- zout peper
- 2 theelepels basilicum
- 1 ciabattabrood
- 1/4 kop basilicumpesto
- 1 grote tomaat, rosbief, in plakjes
- 6 oz. Ga verder Italiaans, in plakjes
- 2 oz. Babyspinazie in zak

Routebeschrijving

a) Schik de kipfilets tussen 2 vellen vetvrij papier en met een vleeshamer tot ze gelijkmatig bedekt zijn.

b) Voeg in een kom de knoflook, citroenschil, citroensap en olie toe en meng goed.

c) Voeg de kip toe en bestrijk rijkelijk met het citroenmengsel.

d) Koel ongeveer 4-20 uur.

e) Zet een pan op het vuur tot hij heet is.

f) Voeg de kipfilet toe en kook ongeveer 6-8 minuten.

g) Stel je panini's in.

h) Snijd de ciabatta in 4 stukken van de gewenste grootte.

i) Smeer ongeveer 1 eetlepel pesto aan beide kanten van het brood.

j) Leg op elk stuk de kip, gevolgd door de Fontina kaas, tomaten en spinazie.

85. Portland Asiago Panini

Porties per recept: 4

ingrediënten

- 1 pesto focaccia brood
- 1 eetlepel balsamico azijn
- 8 Oz. gesneden kalkoen
- 1-2 tomaten, in plakjes
- 4 Oz. artisjokpasta met spinazie
- 1 snufje zout en peper
- 2 oz. Asiago kaas
- 1 kleine rode ui, gesnipperd
- 1 theelepel olijfolie

Routebeschrijving

a) Stel de paninipers in zoals voorgesteld in de handleiding.

b) Voeg in een pan de olie toe en kook tot het heet is.

c) Voeg de ui toe en droog het mengsel voor ongeveer 4-5 minuten.

d) Meng de azijn, zout en peper en haal van het vuur.

e) Snijd de focaccia in 2 cirkels en snijd elk in een halve cirkel.

f) Leg de kalkoen op de onderste helft van het brood, gevolgd door de spinazie met artisjok, gekookte uien, Asiago-kaas en plakjes tomaat.

g) Bedek met de bovenste helften van het focacciabrood.

h) Leg de sandwich in de paninipers en kook ongeveer 5 minuten.

i) Geniet er warm van.

86. Pesto gegrilde kaaspers

Porties per recept: 4

ingrediënten

- 4 paninibroodjes, gehalveerd
- 6 1/2 oz. mozzarella kaas, in plakjes
- 1/4 kop Parmezaanse kaas, geraspt
- 1/4 kop pestosaus
- 2 gegrilde paprika's, in plakjes

Routebeschrijving

a) Verdeel de pesto gelijkmatig over alle broodhelften.

b) Leg de mozzarella kaas op de onderste 4 helften van het brood, gevolgd door de Parmezaanse kaas en paprika.

c) Bedek met de bovenste helften van het brood.

d) Zet een koekenpan op middelhoog vuur tot hij heet is.

e) Plaats de sandwiches en werk met een andere zware pan voor het gewicht.

f) Bak ongeveer 10 minuten, keer halverwege een keer om.

87. Panini-tuin

Porties per recept: 1

ingrediënten

- 1 theelepel olijfolie
- 3/4 kop tomaten, in blokjes gesneden
- 1 eetlepel kappertjes, uitgelekt
- 1 snufje rode pepervlokken
- 1/2 theelepel balsamico azijn
- 4 sneetjes wit brood
- olijfolie
- 1/4 kop pestosaus
- 6 oz. mozzarella kaas, in plakjes
- zeezout
- zwarte peper

Routebeschrijving

a) Voeg in een wok met antiaanbaklaag de olie toe op middelhoog vuur en kook tot het heet is.

b) Voeg de kappertjes, tomaten en rode pepervlokken toe en bak ongeveer 2-3 minuten mee.

c) Haal het van het vuur en meng de azijn erdoor.

d) Bestrijk een kant van de sneetjes brood gelijkmatig met olie.

e) Verdeel de pesto gelijkmatig over de andere kant van alle sneetjes brood.

f) Leg het tomatenmengsel op 2 sneetjes brood en voeg de mozzarella, zout en peper toe.

g) Beleg met de overige sneetjes brood, met de ingevette kant naar boven.

h) Leg de sandwiches in een paninipers en kook tot ze geroosterd zijn.

SALADES EN PESTO DRESSING

88. Pesto Mozzarella Salade

Porties per recept: 6

ingrediënten

- 1 1/2 kopjes rotini pasta
- 3 eetlepels pesto, of naar smaak
- 1 theelepel extra vierge olijfolie
- 1/4 theelepel zout, of naar smaak
- 1/4 theelepel gegranuleerde knoflook
- 1/8 theelepel gemalen zwarte peper
- 1/2 kop gehalveerde druiventomaten
- 1/2 kop kleine balletjes verse mozzarella
- 2 verse basilicumblaadjes, fijngehakt

Routebeschrijving

a) Voeg in een grote pan met licht gezouten kokend water de pasta toe en kook ongeveer 8 minuten of tot de gewenste gaarheid, laat goed uitlekken en zet opzij.

b) Meng in een grote kom de pesto, knoflookteentjes, olie, zout en zwarte peper en voeg de pasta toe en hussel door elkaar.

c) Spatel er voorzichtig de mozzarella, tomaten en basilicum door en serveer direct.

89. Pesto bloemensalade

Porties per recept: 4

ingrediënten

- 10 oz. basilicum pesto
- 3 oz. Geraspte parmezaanse kaas
- 1 lb. Penne pasta
- 1 lb. broccoli, in kleine roosjes gesneden
- 2 (6 oz) gegrilde kippenborstreepjes

Routebeschrijving

a) Snijd de broccoli in roosjes. Zet het opzij.

b) Kook de pasta volgens de instructies op de verpakking slechts 3 minuten. Voeg de broccoliroosjes toe en kook 4 minuten.

c) Giet de broccoli en pasta uit het water. Leg de stukken kip in de pan en kook ze 2 tot 3 minuten om door te verwarmen.

d) Giet de kip uit het water.

e) Neem een grote kom: Combineer broccoli met kip, pasta, kaas, pestosaus, een snufje zout en peper. Gooi om te dekken. Serveer het meteen.

90. Aioli-pestosaus

Porties per recept: 20

ingrediënten

- 3/4 kop olie
- 1 kopje mayonaise
- 3/4 kop karnemelk
- 2 eetlepels geraspte Romano kaas
- 2 eetlepels gedroogde basilicum
- 1/2 theelepel zout
- 1 teentje knoflook, fijngehakt
- hete pepersaus
- 1/4 theelepel paprika

Routebeschrijving

a) Neem een kleine kom: meng de mayonaise met olie erin.

b) Giet de karnemelk, kaas, basilicum, zout, knoflook en hete pepersaus erbij. Klop ze tot ze romig worden.

c) Dek de kom af met plasticfolie en laat hem minimaal 8 uur staan.

d) Als de tijd om is, meng je de spaghetti met de pestosaus. Garneer met wat verse basilicum.

e) Genieten van.

91. Pastasalade

Porties per recept: 4

ingrediënten

- 250 gram spaghetti
- 1/3 kop erwten, bevroren
- 10 cherrytomaatjes, in vieren
- 100 gram fetakaas
- 2 theelepels pestosaus
- 1 eetlepel verse rozemarijn, fijngehakt
- 1/8 theelepel gegranuleerde knoflook
- 1/2 eetlepels verse bieslook, fijngesneden
- 1 theelepel olie
- vers gemalen zwarte peper

Routebeschrijving

a) Bereid de pasta volgens de instructies op de verpakking gedurende 9 min.
b) Roer de erwten erdoor en kook nog 2 tot 3 minuten.

c) Giet de spaghetti en erwten in een vergiet. Laat ze een paar minuten uitlekken.

d) Neem een mengkom: schep de spaghetti met olie en pestosaus erin.

e) Voeg de kruiden, knoflook, peper en zout toe. Combineer ze goed. Meng fetakaas met cherrytomaatjes.

f) Zet de salade in de koelkast en laat hem minimaal 1 uur staan en serveer hem dan.

g) Genieten van.

92. Tortellini Salade Potten

Porties per recept: 2

ingrediënten

- 1 pakje (9 oz.) Spinazie en kaas tortellini
- 1 (4 oz) pot pesto
- 1/4 kop Engelse komkommers gehalveerd, gezaaid en in plakjes gesneden
- 1/4 kop gehalveerde cherrytomaatjes
- 1/4 kop lucifergrote stukjes rode ui
- 1/2 kop gehakte machete
- zout en gemalen zwarte peper naar smaak

Routebeschrijving

a) Kook de pasta volgens de instructies op de verpakking.

b) Spreid de pesto uit in de pot en garneer met de komkommers, tomaten, uien, tortellini en mache. Kruid ze met een beetje zout en peper.

c) Serveer de salade direct of zet hem in de koelkast tot hij klaar is om te serveren.

93. Salade Caprese Pesto

Porties per recept: 8

ingrediënten

pesto

- 2 kopjes basilicumblaadjes
- 1 kopje walnoten, geroosterd en gehakt
- 2/3 kopje Parmezaanse kaas, geraspt

- 6 eetlepels olijfolie
- 2 eetlepels citroensap
- 3 teentjes knoflook, gesnipperd

Salade

- 2 eetlepels pestosaus
- 2 eetlepels olijfolie
- 2 eetlepels rode wijnazijn
- 4 rijpe middelgrote rode tomaten, in plakjes
- 8 Oz. mozzarella kaas, vers gesneden basilicumblaadjes
- zout en gemalen peper

Routebeschrijving

a) Voor de pesto: Voeg in een blender de knoflook, basilicum, kaas, walnoten, citroensap en olie toe en mix tot alles goed gemengd is.

b) Doe de pesto over in een kom.

c) Dek de kom af en zet in de koelkast tot gebruik.

d) Voor de vinaigrette: voeg in een kom de azijn, olie en 2 eetlepels pesto toe en klop tot alles goed gemengd is.

e) Voor de salade: leg de plakjes tomaat op een bord, gevolgd door de kaas en pesto vinaigrette.

f) Breng op smaak met een snufje zout en peper.

94. Rucola caprese salade

Porties per recept: 8

ingrediënten

- 1/4 kop basilicumpesto
- 1/4 kopje extra vierge olijfolie
- 1 lb. gemengde heirloom-tomaten, zonder klokhuis en in dunne plakjes gesneden
- 2 1/2 oz. rucola kip
- 8 Oz. Klassieke Italiaanse verse mozzarella kaas, in plakjes
- 1/4-inch dik en kwartalen
- 1/4 kop ontpitte Niçoise-olijven, goed uitgelekt
- 4 -5 verse basilicumblaadjes, in dunne plakjes gesneden
- zeezout en vers gekraakte zwarte peper

Routebeschrijving

a) Voeg in een kom de olie en pesto toe en klop tot alles goed gemengd is.

b) Schik de rucola met tomaten op een schaal en garneer met de mozzarella, gevolgd door de olijven en basilicum.

c) Bestrooi met zout en peper.

d) Lekker met een pestodressing topping.

95. Boekweit Paassalade

Porties per recept: 4

ingrediënten

- 8 Oz. droge rigatoni pasta
- 1 1/2 kopjes druiventomaten, gehalveerd
- 1 kop in blokjes gesneden mozzarella kaas
- 1/3 kop pestosaus,
- 1/2 kop geraspte Parmezaanse kaas
- zout en peper

Routebeschrijving

a) Voeg water en een beetje zout toe aan een pan en kook tot het kookt.

b) Voeg rigatoni toe en kook tot de gewenste gaarheid.

c) Giet de rigatoni af en spoel af onder koud water.

d) Droog nu de rigatoni met keukenpapier en doe ze in een kom.

e) Voeg de pesto, tomaten, Parmezaanse kaas, mozzarella, zout en peper toe en schep voorzichtig om zodat ze goed bedekt zijn.

96. Pecannoten, Parmezaanse kaas en couscous pesto

Porties per recept: 4

ingrediënten

- 2/3 kop pecannoten
- 1 eetlepel boter
- 1 1/2 kopjes verse champignons in vieren gesneden
- 1 ui, gesnipperd
- 1 theelepel vers gehakte knoflook
- 2 theelepels boter
- 1 1/4 kopjes water
- 1 blik couscous (5,8 oz).
- 1 fles (8.5 oz) zongedroogde tomatenpesto
- 1/3 kopje fijn geraspte Parmezaanse kaas of meer naar smaak
- zout en gemalen zwarte peper naar smaak

Routebeschrijving

a) Rooster de pecannoten 25 minuten in de oven op een bakplaat.

b) Bak intussen de knoflook, ui en champignons 9 minuten in 1 eetlepel boter. Doe dan alles in een kom.

c) Smelt nog 2 eetlepels boter en voeg het dan toe aan het water, laat het koken.

d) Als alles kookt, voeg je de couscous toe aan een grote kom en meng je deze met het kokende water.

e) Dek de kom af met plasticfolie en laat hem 12 minuten staan.

f) Nadat alle vloeistof is opgenomen, pureer je het met een vork.

g) Voeg de pesto, pecannoten, Parmezaanse kaas en champignons toe aan de couscous en breng op smaak met een beetje peper en zout.

h) Meng alles gelijkmatig.

PESTO DESSERTS

97. Open taart met spinazie en pesto

Porties per recept: 1

ingrediënten

- 2 (12 oz.) Zalmfilets zonder vel, zonder been
- gekruid zout naar smaak
- 1/2 theelepel knoflookpoeder
- 1 theelepel uienpoeder
- 1 pakje (17,25 oz.) bevroren bladerdeeg, ontdooid

- 1/3 kop pesto

- 1 pakje (6 oz.) spinaziebladeren

Routebeschrijving

a) Zet de oven op 375 graden F voordat je iets anders doet.

b) Wrijf de zalm in met een mengsel van zout, uienpoeder en knoflookpoeder voordat je hem opzij legt.

c) Plaats nu de helft van de spinazie tussen twee afzonderlijke vellen bladerdeeg terwijl u meer in het midden plaatst en plaats de zalmfilet over elk in het midden voordat u de resterende pesto en spinazie in lagen legt.

d) Bevochtig de randen met water en vouw het.

e) Bak dit ongeveer 25 minuten in de voorverwarmde oven.

f) Koel het af.

g) Dienen.

98. Pottaart in Libanese stijl

Porties per recept: 8

ingrediënten

- 3 eetlepels gehakte knoflook
- 1/4 kopje verkruimelde gekruide fetakaas
- 1 eigeel
- 1 vel diepgevroren bladerdeeg, ontdooid, gehalveerd
- 2 kopjes gehakte verse spinazie
- 2 kipfilethelften zonder botten en zonder vel
- 2 eetlepels basilicumpesto
- 1/3 kop gehakte zongedroogde tomaten

Routebeschrijving

a) Zet de oven op 375 graden F voordat je iets anders doet.

b) Bestrijk de kipfilets met een mengsel van knoflookpuree en eigeel in een glazen schaal, dek ze af met plasticfolie en zet ze minstens vier uur in de koelkast.

c) Leg de helft van de spinazie in het midden van de ene helft van het deeg en leg er een stuk kipfilet op en voeg vervolgens 1 eetlepel pesto, zongedroogde tomaten, feta en dan de rest van de spinazie toe.

d) Wikkel het met de andere helft van het deeg.

e) Herhaal dezelfde stappen voor de resterende borst.

f) Leg dit alles op een bakplaat.

g) Bak in de voorverwarmde oven gedurende ongeveer 40 minuten of tot de kip gaar is.

h) Dienen.

99. Westkustcakes

Porties per recept: 10

ingrediënten

- 2 pakjes (8 oz.) roomkaas
- 2 teentjes knoflook, gesnipperd
- 8 Oz. feta kaas
- 2 theelepels tijm
- 2 eetlepels olijfolie
- 3 eetlepels pestosaus
- 1/3 kop geroosterde rode paprika, uitgelekt en gehakt
- extra rode peper, reepjes

Routebeschrijving

a) Leg een plastic vel in een kom.
b) Voeg in een blender de roomkaas, feta en knoflook toe en pulseer tot alles goed gemengd is.
c) Voeg de tijm en olie toe en pulseer tot alles goed gemengd is.

d) Leg op de bodem van de voorbereide schaal ongeveer 1/3 van het kaasmengsel gelijkmatig en bedek met de pesto, gevolgd door nog eens 1/3 van het kaasmengsel over de rode paprika en het resterende kaasmengsel.

e) Dek de kom af en zet ongeveer 3 uur in de koelkast.

f) Lekker met een garnering van extra rode peperreepjes.

100. Citroenpesto Paletas

Porties per recept: 6

ingrediënten

- 4 kopjes meloenblokjes
- 1 eetlepel zout
- 1/4 kop vers gehakte basilicum
- 1/2 kopje biologisch bevroren limonadeconcentraat

Routebeschrijving

a) Voeg in een keukenmachine alle ingrediënten toe en pulseer tot ze gehomogeniseerd zijn.

b) Breng het mengsel gelijkmatig over in ijslollyvormen.

c) Steek nu 1 ijslollystokje in elke vorm en zet ongeveer 6 uur in de koelkast.

d) Haal de ijsjes voorzichtig uit de vormpjes en geniet.

CONCLUSIE

Traditionele pesto wordt gemaakt met basilicumblaadjes, knoflook, pijnboompitten, olijfolie, zout en Parmezaanse kaas (of een andere harde Italiaanse kaas, zoals Pecorino). Je kunt het bereiden met een vijzel en stamper (dit is de traditionele methode) of met een blender/keukenmachine.

Er is iets moois en eenvoudigs aan vers gemaakte pesto. Geen in de winkel gekochte pesto meer. De recepten in dit boek zijn zo makkelijk met minder dan 5 hoofdingrediënten. En het duurt ook nog eens 5 minuten om te maken!

www.ingramcontent.com/pod-product-compliance
Lightning Source LLC
Chambersburg PA
CBHW070652120526
44590CB00013BA/934